Paleveleminen Hengessä

Hengen miekka -kirjasarja:

1 *Toimiva rukous*
2 *Hengen tunteminen*
3 *Jumalan hallintavalta*
4 *Elävä usko*
5 *Jumalan kirkkaus seurakunnassa*
6 *Palveleminen Hengessä*
7 *Isän tunteminen*
8 *Kadotettujen tavoittaminen*
9 *Jumalan tunteminen*
10 *Pojan tunteminen*
11 *Pelastus armosta*
12 *Palvonta Hengessä ja totuudessa*

www.swordofthespirit.co.uk

Copyright © 2017 Colin Dye
ISBN: 978-1-898444-58-9

Ensimmäinen painos
Kensington Temple
KT Summit House
100 Hanger Lane
London, W5 1EZ

Kaikki oikeudet pidätetään. Tämän julkaisun tai sen osan jäljentäminen tai tallentaminen ilman tekijän kirjallista lupaa painamalla, monistamalla, äänittämällä, sähköisesti tai muulla tavoin on tekijänoikeuslain mukaisesti kielletty.

Raamatun lainaukset ovat vuoden 1992 käännöksestä, ellei toisin mainittu.

Suomennos: Christina Kotisaari
Taitto: Marko Joensuu
Kansi: Yewhung Chin

Hengen miekka

Palveleminen Hengessä

Colin Dye

Sisällysluettelo

Sisällysluettelo	5
Johdanto	7
Palveleminen Hengessä	11
Hengessä palvelijat	25
Hengessä palveleminen	37
Parantamistoiminnan perusta	51
Sairaiden parantaminen Uudessa testamentissa	59
Sairaiden parantaminen nykyään	77
Vapauttamistoiminnan perusta	91
Ihmisten vapauttaminen Uudessa testamentissa	107
Ihmisten vapauttaminen nykyään	125
Profeetallisella arvovallalla puhuminen	141
Palveleminen sielunhoidossa	175

Johdanto

Kaikissa ihmisissä on jotakin Jumalan myötätunnosta. Lähes kaikki ihmiset, olivatpa he kuinka kaukana Jumalasta tahansa, tuntevat jonkinlaista surua nähdessään mediassa sydäntä särkeviä kuvia ihmisistä, joiden elämän joku onnettomuus on juuri tuhonnut. Meidän ei tarvitse tuntea jotakin ihmistä henkilökohtaisesti voidaksemme eläytyä hänen kärsimyksiinsä ja toivoaksemme, että voisimme tehdä jotakin hänen auttamisekseen.

Melkein kaikilla ihmisillä on lähipiirissään joku sellainen henkilö, jota on kohdannut jokin sairaus tai onnettomuus, jolla on työttömyyttä, velkoja tai särkynyt perhe, joka kokee sosiaalista eristyneisyyttä tai jonkin asteista pahuutta tai joka muuten vain kärsii nykyelämän paineiden alla. Kristittyinä uskovina koemme, että Pyhä Henki vieläpä voimistaa kokemaamme inhimillistä myötätuntoa, ja kaipaamme saada tavoittaa ympärillämme olevia särkyneitä ihmisiä ja auttaa heitä vastaanottamaan Jumalan lohdutusta ja apua.

On selvää, että meidän tulee rukoilla tuntemiemme kärsivien ihmisten puolesta – anoa Jumalaa puuttumaan heidän elämäänsä ja tuomaan hänen muuttavaa eheyttään – mutta syvällä sisimmissämme *tiedämme*, että *meidän* tulisi myös *itse* olla tekemässä jotakin, että *meidän* tulisi toimia ja puhua tavalla, jolla on todellinen ja kauaskantoinen vaikutus.

Me kristityt uskovat olemme osa Kristuksen maanpäällistä ruumista. Me olemme Jeesuksen kädet ja ääni tässä maailmassa, ja hän on voidellut meidät Pyhällä Hengellään, niin että – *meidän kauttamme* – hän voi tehdä monille ihmisille nykyäänkin samoja asioita, joita hän itse teki ollessaan maan päällä. Juuri tämä on se tehtävä, jonka hän on meille

Palveleminen Hengessä

antanut. Hän lähettää meidät itsensä edustajina julistamaan evankeliumia, parantamaan sairaita, ajamaan ulos riivaajia ja palvelemaan maailmaa. Hän kutsuu meitä tekemään kaikista kansoista hänen opetuslapsiaan ja opettamaan ihmisille sanojemme ja tekojemme avulla, kuinka seurata Kristusta. Tämä on seurakunnan todellinen tehtävä, ja sen toteuttaminen on mahdollista ainoastaan Pyhän Hengen voimassa.

Apostolien tekojen jakeessa 10:38 kerrotaan, että Jumala voiteli Jeesuksen Pyhällä Hengellä ja voimalla ja että Jeesus kulki ympäri maata tehden hyvää ja parantaen kaikki, jotka olivat joutuneet paholaisen valtaan – sillä Jumala oli hänen kanssaan.

Kun elämme kumppanuudessa Pyhän Hengen kanssa ja kun hän on se, joka saa meidät liikkeelle, innoittaa meitä ja valtuuttaa meidät, silloin mekin voimme puhua Jumalan sanoja, toteuttaa hänen tekojaan, tehdä hänen hyviä töitään, välittää hänen parantumistaan niille, jotka ovat joutuneet paholaisen valtaan, ja tarjota Jumalan apua joillekin niistä kärsivistä ihmisitä, joita ympärillämme on. Juuri tämä on todellista palvelemista Hengessä.

Tämä kirja on tarkoitettu uskoville, jotka ovat valmiit laittamaan syrjään omat käsityksensä siitä, mitä ihmisten auttaminen on, ja opiskelemaan Jumalan Sanaa saadakseen Jumalalta ilmestyksen siitä, mitä palveleminen Hengessä ja Hengen kanssa on.

Oppimisen tueksi on myös olemassa oheismateriaalia, jonka löydät vastaavasta *Sword of the Spirit Student's Handbook* -käsikirjasta sekä nettisivulta www.swordofthespirit.co.uk (englanninkielisenä, suom. huom.). Käsikirjassa on täydentävää opetusta tämän kirjan jokaisesta luvusta sekä *keskustelunaiheita* ja *tietovisoja*. Kun rekisteröidyt nettisivulle, saat käyttöösi lisää tietovisoja ja kokeita. Nettisivulta löydät myös tämän kirjan tekstin, jossa on linkit kaikkiin tekstissä esiintyviin Raamatun jakeisiin sekä ääni- ja videotiedostoja. Nämä lisämateriaalit auttavat sinua kertaamaan, painamaan mieleesi ja soveltamaan tässä kirjassa oppimiasi asioita.

Johdanto

Voit myös käyttää Student's Handbook -käsikirjaa pienryhmissä. Valitse rukoillen ne osiot, joiden uskot parhaiten soveltuvan omalle ryhmällesi. Joissakin tapaamisissa voitte siis käyttää kaikkea käsikirjan materiaalia ja toisissa vain osia siitä. Käytäthän maalaisjärkeäsi ja hengellistä näkökykyäsi. Voit myös vapaasti kopioida sen sivuja ja jakaa niitä johtamillesi ryhmille.

Rukoukseni on, että päästyäsi tämän kirjan loppuun ymmärtäisit, kuinka Jumala haluaa sinun olevan valmis toimimaan, kun joudut vastatusten riivaajien kanssa, kuinka hän odottaa sinun olevan halukas parantamaan niitä, joilla on särkynyt sydän, ja kuinka hänen aikomuksensa on saada tehdä hyvää juuri sinun kauttasi – ja että sinä olisit innolla vastaamassa hänen kehotukseensa.

Colin Dye

Osa 1

Palveleminen Hengessä

Englannin kielessä sana "ministry", palvelutyö, on yksi nykyään yleisimmin käytössä olevista sanoista seurakunnissa. Tiettyjä miehiä ja naisia kutsutaan nimityksellä "minister", Jumalan palvelija, seurakunnissa tehtävää työtä kutsutaan "palvelemiseksi" ja monesti viitataan jonkun ihmisen "palvelutyöhön". Jokainen kristittyjen uskovien ryhmä yleensä tietää, mitä se tarkoittaa näillä sanoilla, mutta muiden seurakuntien uskovat ymmärtävät ne usein eri tavalla.

Joissakin kristillisissä piireissä nimitystä "Jumalan palvelija" käytetään esimerkiksi ainoastaan seurakuntaan palkatuista kokopäiväisistä johtajista, kun taas toisissa se on paljon laajemmassa käytössä. Samoin muutamissa seurakunnissa sanalla "palveleminen" tarkoitetaan vain niitä hetkiä, joissa rukoillaan muiden ihmisten puolesta, kun taas monissa muissa se on yleisnimitys kaikelle hengelliselle työlle.

Mitä on palveleminen?
Kun opiskellaan *palvelemista Hengessä*, on tärkeää aloittaa siitä, että ymmärrämme, mitä "palveleminen" tarkoittaa Raamatussa. Uudessa testamentissa on kolme pääryhmää kreikan kielen sanoja, jotka kaikki on käännetty suomen kieleen samalla tavalla. Jokaisella sanaryhmällä on oma erityinen merkityksensä, ja voimme ymmärtää sanan "palveleminen" raamatullisen kokonaismerkityksen, kun otamme huomioon kaikki ne eri merkitykset, jotka näihin sanoihin liittyvät.

1. Diakonos
Diakonos on tavallisesta yksityisestä kodinhoitajasta käytetty kreikan kielen sana. Sitä käytettiin henkilöstä, joka puhdisti

Palveleminen Hengessä

työnantajansa kodin lattiat, valmisti ruoan, tarjoili ruoan pöytiin, tiskasi astiat ja niin edelleen. *Diakonos* on käännetty sanalla "palvelija" kohdissa Room. 13:4, 15:8 (v. 1938 käännös); 1. Kor. 3:5; 2. Kor. 3:6 (v. 1938 käännös), 6:4, 11:15; Gal. 2:17 (v. 1938 käännös); Ef. 6:21; Kol. 1:7 (v. 1938 käännös), 1:23,25, 4:7; 1. Tess. 3:2 (v. 1938 käännös) ja 1. Tim. 4:6. Joissakin englanninkielisissä raamatunkäännöksissä se on käännetty sanoilla "avustaja" tai "diakoni", mutta kaikissa tapauksissa siihen liittyy mielleyhtymä yksityisestä kodinhoitajasta.

Diakoneo, "palvella", on yleensä käännetty sanoilla "palvella" tai "auttaa". Myös tätä kreikan kielessä lattioiden puhdistamista ja ruoan valmistamista tarkoittavaa sanaa käytetään Raamatussa jostakin hengellisestä toiminnasta. Se esiintyy kohdissa Matt. 20:28, 25:44, 27:55; Ap. t. 19:22; Room. 15:25; 2. Kor. 3:3; 2. Tim. 1:18; Filem. 1:13; Hepr. 6:10; 1. Piet. 1:12 ja 4:10–11. Sana *diakoneo* antaa ymmärtää, että meillä tulisi olla nöyrä asenne itseämme ja palvelemistamme tai palvelutyötämme kohtaan.

Diakonia, "palvelutyö", on pääasiallisin "palvelemisesta" käytetty Uuden testamentin sana. Luukkaan evankeliumin jakeet 10:39–41 havainnollistavat sen tavallista kodinhoitoon viittaavaa merkitystä, mutta sitä käytetään yleisesti myös hengellisestä palveluksen työstä. Sillä kuvataan:

- apostoleja – Ap. t. 1:17,25; 6:4; 12:25; 21:19 ja Room. 11:13

- uskovia – Ap. t. 6:1, 11:29; Room. 12:7, 15:31; 1. Kor. 16:15; 2. Kor. 8:4, 9:1,12; Ef. 4:12 ja 2. Tim. 4:11

- Pyhää Henkeä – 2. Kor. 3:8–9

- enkeleitä – Hepr. 1:14

- julistajia ja opettajia – Ap. t. 20:24; 2. Kor. 4:1, 6:3, 11:8; Kol. 4:17; 1. Tim. 1:12 ja 2. Tim. 4:5.

Diakonos-sanaryhmä osoittaa, että "Jumalan palvelija" ei ole hallitsija, että "palveleminen" ei tarkoita "käskemistä" ja että "palveluksen työssä oleminen" ei ole toimintaa, jossa ihmisellä

Palveleminen Hengessä

olisi korkea virka tai asema. Kun "palvelemista" ajatellaan raamatullisella tavalla, täytyy lähtökohtana olla ymmärrys siitä, että "Jumalan palvelija" on alhaisessa asemassa olevan kodinhoitajan kaltainen ja että "palveluksen työ" on työtä, joka vastaa siivoamista, auton huoltamista ja ruoan laittamista. Tämä saattaa vaikuttaa yllättävältä, sillä ihmisillä on aivan liian yleisesti se käsitys, että palveluksen työ kuuluu vain jollekin hengelliselle eliitille.

2. Leitourgos

"Jumalan palvelijaa" nimitetään Uudessa testamentissa toisinaan sanalla *leitourgos*, mutta tuohon sanaan sisältyy täysin erilainen merkitys kuin sanaan *diakonos*. *Leitourgos* on tärkeästä julkisesta palvelijasta käytetty kreikan kielen sana – sellaisesta henkilöstä, joka hoitaa ilmaiseksi jotakin julkista virkaa.

Diakonia kuvaa täysipäiväistä, aliarvostettua, huonosti palkattua, yksityistä palvelemista, jossa tekijä toimii työnantajansa ohjeiden mukaan. *Leitourgia* sitä vastoin viittaa osa-aikaiseen, korkeasti arvostettuun, palkattomaan, julkiseen palvelemiseen. Sanoilla *leitourgos*, "Jumalan palvelija", *leitourgeo*, "palvella" ja *leitourgia*, "palvelutyö" kuvataan Uudessa testamentissa:

- Kristusta – Hepr. 8:2

- Paavalia – Room. 15:16

- Epafroditosta – Fil. 2:25

- Antiokian profeettoja ja opettajia – Ap. t. 13:2

- pakanaseurakuntien velvollisuutta auttaa köyhiä juutalaisuskovia – Room. 15:27

- uskovien velvollisuutta auttaa toisiaan käytännön asioissa – 2. Kor. 9:12 ja Fil. 2:17–20.

Vaikka Uudessa testamentissa käytetäänkin kristillisestä palvelutyöstä paljon harvemmin sanaa *leitourgos* kuin sanaa

Palveleminen Hengessä

diakonos, siihen sisältyvä ajatus "korkeasta asemasta" hallitsee usein kristillistä nykykäsitystä siitä, mitä palveluksen työ on. Uuden testamentin painotus kuitenkin osoittaa, että jos halutaan ymmärtää Jumalan palvelijoita ja palvelutyötä raamatullisella tavalla, tulisi tuon ymmärryksen pohjautua sanaan *diakonos*. Lisäksi se osoittaa, että meidän tulisi ajatella, että palveluksen työ on ensisijaisesti tavallista, yksityistä, jokapäiväistä "palvelevaa" tekemistä.

Sanan *leitourgos* satunnainen käyttö kuitenkin nostaa esiin sitä tosiasiaa, että emme palvele omaksi hyödyksemme. Se myös muistuttaa meitä siitä, että palveluksen työ on tärkeää, että se voi olla julkista ja että se on luonteeltaan edustavaa.

3. Huperetes

Kreikan kielen sana *huperetes* on käännetty monissa raamatunkäännöksissä sanalla "(Jumalan) palvelija". Sanatarkasti se tarkoittaa "alempaa soutajaa (veneessä)", ja se oli Uuden testamentin aikaan kansanomainen tai puhekielinen nimitys kenestä tahansa alaisesta, joka toimi jonkun toisen henkilön ohjauksessa.

Sanoilla *huperetes* ja *hupereteo*, "huolehtia jostakin tai palvella", kuvataan Uudessa testamentissa:

◆ synagogan avustajaa (tai palvelijaa, v. 1938 käännös) – Luuk. 4:20

◆ Johannesta – Ap. t. 13:5

◆ kuningas Daavidia – Ap. t. 13:36

◆ Paavalia – Ap. t. 20:34, 26:16 ja 1. Kor. 4:1.

Sanan *huperetes* käyttö painottaa, että Jumalan palvelijat eivät itse päätä omista tekemisistään, vaan he ovat miehiä ja naisia, jotka ovat jonkin arvovallan alla.

Apostolien tekojen jae 13:36 osoittaa, että suuri kuningas Daavidkin oli vain Jumalan veneen "alempi soutaja", ja 1. Korinttolaiskirjeen jakeessa 4:1 todetaan, että ensimmäisen

Palveleminen Hengessä

vuosisadan seurakunnan johtajia tulisi pitää ja kohdella "alempina soutajina" – henkilöinä, jotka ovat Kristuksen johtajuuden ja ohjauksen alla.

Palvelus
Kun nämä kolme sanaryhmää niputetaan yhteen, voidaan ymmärtää, että raamatullinen palveluksen työ on todellakin palvelemista ja että raamatullinen Jumalan palvelija on toisten palvelija. Voidaan sanoa, että yleisellä tasolla Uudessa testamentissa käytetään sanaa *diakonos* osoittamaan yhteys Jumalan palvelijoiden ja heidän palvelevan työnsä välillä, sanaa *leitourgos* korostamaan heidän palveluksen työnsä edustavaa luonnetta ja sanaa *huperetes* painottamaan heidän palvelevaa suhdettaan heitä ylempiarvoisempaan henkilöön, Kristukseen.

Ehkäpä kaikkein yksinkertaisin ja tarkin tapa, jolla kristillistä palvelutyötä voidaan raamatullisella tavalla ymmärtää, on kutsua sitä palvelutyön sijaan palvelemiseksi. Uuden testamentin perussanoma on, että "Jumalan palvelija" on aina "muiden palvelija", että "toisista huolehtiminen, kristillisen työn tekeminen" on aina "palvelemista" ja että "palvelutyö" on aina "palvelusta". Jokainen palvelutyötä koskeva käsitys, toimintakaava tai -tapa, joka ei heijasta nöyrää palvelijan asennetta, ei ole juurtunut Raamatun kirjoituksiin.

Orjat ja palkatut palvelijat
Vaikka onkin syytä muistaa, että raamatullinen Jumalan palvelija on aina toisten palvelija, meidän täytyy myös ymmärtää, ettei jokainen raamatullinen viittaus palvelijaan aina ole viittaus Jumalan palvelijaan. Uudessa testamentissa käytetään kahta eri sellaista kreikan kielen sanaryhmää, jotka tarkoittavat "palvelijaa", mutteivät "Jumalan palvelijaa".

Doulos on yleisin kreikan kielen palvelijaa tarkoittava sana, ja se tarkoittaa palvelijaa, jonka herra omistaa hänet vastakohtana palvelijalle, joka on herransa työllistämä. Uuden testamentin aikaan sanalla *doulos* viitattiin orjaan. Sanojen

15

Palveleminen Hengessä

doulos ja *diakonos* merkittävin ero on, että *doulos* viittaa suhteeseen, kun taas *diakonos* viittaa tekemiseen.

Sanaa *doulos* käytetään Uudessa testamentissa osoittamaan, että Jumala omistaa uskovat ja hallitsee heitä. Tämä voidaan havaita kohdissa Room. 1:1; Gal. 1:10; Ef. 6:6; Fil. 1:1; Tit. 1:1; Jaak. 1:1; 1. Piet. 2:16; 2. Piet. 1:1 ja Juud. 1:1. Koska Jumala omistaa meidät, meidät on kutsuttu:

- palvelemaan Jumalaa – Matt. 6:24; Room. 7:6 ja Fil. 2:22
- palvelemaan Kristusta – Ap. t. 20:19; Room. 12:11, 14:18, 16:18; Ef. 6:7 ja Kol. 3:24
- palvelemaan toinen toistamme – Gal. 5:13.

Orjien täytyy totella herrojaan, joten *doulos* viittaa siihen tapaan, jolla palvelemme, koska olemme Jumalan omistamia. Myös palvelijoiden täytyy olla kuuliaisia työnantajilleen, mutta sanaan *diakonos* liittyy luontaisesti jonkinlaista omaakin tahtomista – julkisen viran haltijat ovat vapaaehtoisia, ja yksityiset kodinhoitajat/palvelijat voivat lakata työskentelemästä työnantajalleen milloin vain haluavat. Juuri tämä oma tahtominen erottaa toisistaan *diakonia-*"palvelutyön" ja *doulos-*"palveluksen". Voidaan sanoa, että Jumalan palvelija on sellainen, joka vapaaehtoisesti tarjoutuu Jumalan käyttöön palvelemaan häntä kaikilla hänen valitsemillaan tavoilla.

Toinen sana, joka tarkoittaa "palvelijaa" muttei "Jumalan palvelijaa", on *latris*. Sanatarkasti *latris* tarkoittaa "palkattua palvelijaa", ja sanaa *latreuo,* "palvella", käytetään Uudessa testamentissa kuvaamaan joko sitä tiettyä palvelusta, jota suorittivat papit ja leeviläiset – joille maksettiin siitä, että he palvelivat Jumalaa temppelissä – tai sitten sitä ylistystä, jota uskovat uhraavat Jumalalle. Se mainitaan kohdissa Luuk. 1:74, 2:37; Ap. t. 7:7, 24:14, 27:23; Room. 9:4, 12:1; Hepr. 9:1 ja 14.

Meidän on syytä huomioida, ettei Uudessa testamentissa käytetä papillista kieltä niinkään kenestäkään yksittäisestä uskovasta vaan pikemminkin uskovien koko joukosta. Tämä

Palveleminen Hengessä

tarkoittaa sitä, että *latris*-palvelus on yhteisöllistä pikemmin kuin yksilöllistä. Uudessa testamentissa tehdään selväksi, että kaikki uskovat on kutsuttu palvelemaan/ylistämään Jumalaa – kuten papit ja leeviläiset tekivät – rukoilemalla, ylistämällä, tuomalla kiitosta ja uhraamalla hengellisiä uhreja. Mutta toisin kuin papit ja leeviläiset, Raamattu ei rohkaise meitä odottamaan maksua tästä työstä.

Meitä ei ole kutsuttu olemaan *latris*-palvelijoita – palkattuja palvelijoita, jotka työskentelevät ennen kaikkea maksun kannustamina. Sen sijaan meidät on kutsuttu olemaan *diakonos*-palvelijoita – alttiita palvelijoita, jotka lakkaamatta palvelevat, koska rakastavat työnantajaansa ja hänen kotiaan, ja jotka aina tarjoutuvat vapaaehtoisesti tekemään jopa ylimääräisiä tehtäviä.

Palvelutyön malli

Kohdat Matt. 20:28, Mark. 10:45 ja Joh. 13:1–17 tekevät selväksi, että Jeesus tuli palvelemaan, ei palveltavaksi – hän tuli huolehtimaan muista pikemmin kuin olemaan muiden huolehdittavana.

Edellisten jakeiden toteamukset olivat vallankumouksellisia, ja ne käänsivät Danielin kirjan jakeet 7:13–14 ylösalaisin. Juutalaiset odottivat, että kaikki kansat, kansakunnat ja kielet palvelisivat Ihmisen Poikaa. Jeesus sanoi olevansa, ja olikin, Ihmisen Poika, mutta hän teki selväksi, että hänen ikuista valtakuntaansa johtaisi palvelija ja että tuolle valtakunnalle luonteenomaista olisi juuri palveleminen.

On tärkeää huomata, että kohdissa Matt. 20:28 ja Mark. 10:45 käytetään sanaa *diakoneo*, ei sanaa *leitourgeo*. Se osoittaa, että:

- ◆ Yksityinen, alhainen "kodinhoitomainen" palvelus on Jeesuksen palvelutyön perusta, malli ja tyyli – ja siksi myös kaiken muunkin kristillisen palvelutyön.

- ◆ Jokaisen on mahdollista palvella ja huolehtia muista.

Jos kyseisissä jakeissa olisi käytetty sanaa *leitourgeo*, ne

Palveleminen Hengessä

olisivat epäsuorasti ilmaisseet, että vain jotkut erityiset ihmiset voisivat palvella Jeesuksen lailla. Koska Jeesuksen palvelus kuitenkin on *diakoneo*-palvelemista, on täysin selvää, että me kaikki voimme palvella niin kuin Jeesus palveli.

Sillä, että sanaa *diakoneo* on käytetty myös Apostolien tekojen jakeessa 6:2, on erittäin suuri merkitys. Kyseinen raamatunkohta on ensimmäinen muistiinmerkitty esimerkki tilanteesta, jossa seurakunta määräsi tiettyjä ihmisiä johonkin palvelutehtävään – ja kyseisessä kohdassa heidän palvelutehtävänsä oli juuri "ruoan jakaminen" ihmisille.

Aivan yhtä tärkeää on huomata, että kaksi jaetta myöhemmin sanaa *diakonia* käytetään apostolien palvelutyöstä, Jumalan sanan jakamisesta (tai työstä "sanan palveluksessa", ks. v. 1938 käännös). Tämä korostaa sitä, ettei niin kutsuttujen "käytännöllisen" palvelutyön ja "hengellisen" palvelutyön välillä ole mitään eroa. Ruoan jakaminen ihmisille on aivan yhtä oleellisesti osa Kristuksen mallin mukaista *diakonia*-palvelutyötä kuin myös Jumalan Sanan opettaminen.

Aina kun palvelemme, olipa se sitten kirkonpenkkien kiillottamista tai saarnojen saarnaamista, meidän tulisi noudattaa Kristuksen mallia ja esimerkkiä – Kristuksen, joka palveli kaikkia ihmisiä nöyrästi ja rakastavasti. Tämä malli on nähtävissä läpi koko Uuden testamentin:

- ◆ Enkelit palvelevat Jeesusta – Matt. 4:11 ja Mark. 1:13.

- ◆ Naiset palvelevat Jeesusta – Matt. 27:55 ja Luuk. 8:3.

- ◆ Apua tarvitsevien palveleminen on Jeesuksen palvelemista – Matt. 25:44 (v. 1938 käännös).

- ◆ Uskovat palvelevat (tai avustavat) toisiaan – Room. 15:25; 1. Kor. 16:15; 2. Kor. 8:4, 9:1; Hepr. 6:10 ja 1. Piet. 4:10.

- ◆ Palveleminen edistää evankeliumin ilmaisemista – 1. Piet. 1:12.

- ◆ Palveleminen auttaa saavuttamaan sovituksen – 2. Kor. 5:18.

Palveleminen Hengessä

◆ Kyky palvella on Jumalan antama lahja – Ap. t. 20:24; Kol. 4:17; 1. Tim. 1:12; 1. Piet. 4:11 ja Room. 12:7.

Hengellinen lahja

Se, että palveleminen, *diakonia*, on sisällytetty Roomalaiskirjeen jakeissa 12:3–8 löytyvään hengellisten lahjojen listaan, auttaa meitä ymmärtämään, että palveleminen on lahja eikä velvollisuus ja että se saadaan Jumalalta, se ei tule meistä itsestämme.

Laittamalla palvelemisen samalle viivalle profetoimisen, opettamisen, julistamisen, antamisen, johtamisen ja laupeuden osoittamisen kanssa Paavali samalla paljastaa, että "palvelutehtävä" on aivan yhtä lailla muista Roomalaiskirjeen luvun 12 lahjoista erillinen lahja kuin "profetoiminen" on "laupeuden harjoittamisesta" (v. 1938 käännös) ja "johtaminen" "antamisesta".

Nykyajan uskovilla on joskus tapana kysyä, kuka palvelee kokouksessa, vaikka he todellisuudessa haluavat tietää, kuka siellä saarnaa. Roomalaiskirjeen jakeet 12:3–8 antavat ymmärtää, että meidän tulisi ymmärtää palvelutehtävä – palveleminen – paljon tätä laajemmin.

Efesolaiskirjeen jakeet 4:7–16 ovat toinen raamatunkohta, jossa puhutaan Kristuksen antamista lahjoista, ja myös niissä mainitaan palveleminen, diakonia. Jakeissa 10 ja 11 todetaan, että apostolit, profeetat, evankeliumin julistajat, paimenet ja opettajat ovat lahjoja, jotka ylösnoussut Kristus antaa seurakunnalle, ja jakeessa 12 paljastetaan niiden tarkoitus. Ne on annettu, jotta kaikki pyhät – kaikki Jumalan kansaan kuuluvat – olisivat varustettuja palvelutyöhön, Kristuksen ruumiin rakentamiseen.

Jakeen 12 perusteella voidaan todeta seuraavat neljä *diakoniaa*, palvelutyötä tai palvelemista, koskevaa periaatetta:

◆ Se on pikemminkin jotain, mitä tavalliset pyhät tekevät, eikä niinkään sellaista, mitä apostolit, paimenet, profeetat tai opettajat tekevät. Johtajien tehtävä on varustaa pyhät palveluksen työhön, heidän ei ole

Palveleminen Hengessä

tarkoitus tehdä työtä näiden puolesta.

- Se on pyhien tarkoitus. Aivan kuten Jeesus tuli palvelemaan, tekemään *diakoniaa*, samoin johtajat varustavat pyhät ensisijaisesti juuri palveluksen työhön, *diakoniaan*.

- Se on eri asia kuin johtajien toteuttama opettaminen, profetoiminen, paimenena toimiminen ja kasvattaminen.

- Se on yleinen ilmaus, yleispätevä nimitys kaikesta kristillisestä palveluksen työstä. Aivan kuten kodinhoitajaa voitaisiin pyytää tekemään mikä tahansa kodinhoitoon liittyvä tehtävä, ja sitä voitaisiin kutsua palvelukseksi, samoin kaikkia kuuliaisuutta osoittavia kristillisiä palveluksen tekoja voidaan pitää palvelemisena.

Ensimmäisen Korinttolaiskirjeen jakeet 12:1–11 ovat kolmas Uuden testamentin kohta hengellisistä lahjoista, eikä pitäisikään tulla yllätyksenä, että myös niissä mainitaan *diakonia*. Jakeet 4–6 noudattavat kolminaisuusopillista rakennetta, ja niissä todetaan, että lahjoja on monenlaisia, mutta Henki on sama; palvelutehtäviä on monenlaisia, mutta Herra on sama; Jumalan voiman vaikutuksia on monenlaisia, mutta Jumala on sama. Nämä jakeet korostavat sitä, että todellinen palveluksen työ juurtuu aina Jeesukseen. Kaikki aito palveleminen pohjautuu häneen, sillä meidät on kutsuttu palvelemaan kuten hän palveli. Hän on kaiken kristillisen palveluksen työn ainoa malli, perustus ja lähde.

Ensimmäisen Korinttolaiskirjeen jakeet 12:4–6 antavat lisäksi ymmärtää, että Herralta tulevat "palvelutehtävät" liittyvät läheisesti Hengen antamiin "armolahjoihin" ja Jumalan "voiman vaikutuksiin". Jakeita 8–10 on perinteisesti pidetty "Hengen lahjoina", mutta niitä edeltävien jakeiden perusteella niitä voitaisiin yhtä lailla pitää "Herran palvelutehtävinä" tai "Jumalan voiman vaikutuksina".

Palveleminen Hengessä

Kirjan *Hengen tunteminen* osassa 3 tutkitaan Jeesuksen maanpäällistä palvelutyötä. Siinä havaitaan, että hän käytti useita eri Hengen lahjoja, ja opitaan, kuinka hän auttaa meitä palvelemaan lahjojen avulla. Kirjan *Hengen tunteminen* osassa 7 taas perehdytään armolahjoihin ja havaitaan, että ne ovat paitsi välineitä, joiden avulla meidän on mahdollista kirkastaa Kristusta maailmassa, myös yliluonnollisia ilmenemisiä, joita Henki tarjoaa kaikkien uskovien käyttöön Jumalan valtakunnan edistämiseksi.

Tämä tarkoittaa kahta asiaa. Ensiksikin sitä, että viisauden, tiedon, uskon, parantamisen, ihmeiden tekemisen, profetoimisen, henkien erottamisen, kielillä puhumisen ja kielten selittämisen lahjat annetaan meille siksi, että kykenisimme palvelemaan kuten Jeesus palveli. Toiseksi se tarkoittaa sitä, että meidän tulisi ymmärtää palveleminen läpikotoisin karismaattisella tavalla – meidän tulee palvella "Hengessä", jos haluamme palvella aidosti raamatullisella tavalla.

Vaikka tämän *Hengen miekka* -kirjasarjan osan nimi onkin *Palveleminen Hengessä*, sen perusteella ei pidä ajatella, että voisi olla olemassa sellaista aitoa palvelemista, mikä ei olisi "Hengessä". Kaikki Jeesuksen toiminta oli Hengen innoittamaa, ohjaamaa ja valtuuttamaa. Jeesus opetti, rukoili ja palveli aina täysin "Hengessä".

Näin tulisi olla myös meidän kohdallamme. Palvelimmepa sitten hengellisellä tai käytännöllisellä tavalla, olipa palvelemisemme sitten ruoan jakamista tai pahojen henkien ulosajamista, sen täytyy tapahtua Hengen voimassa ja johdatuksessa. Jotta kristillinen palvelutyö voi olla tehokasta, sen täytyy aina kaikilta osin tapahtua "Hengessä".

Edellä havaittiin, että Apostolien tekojen jakeessa 6:2 sanaa *diakoneo* käytetään siitä käytännöllisestä ja välttämättömästä työstä, jota ensimmäiset Jumalan palvelijat tekivät. Sitä seuraavissa jakeissa 3–7 kerrotaan, että tähän tehtävään valittujen henkilöiden täytyi olla "Hengen täyttämiä", täynnä Henkeä. Vaikka heidän palvelutyönsä olikin pääosin

Palveleminen Hengessä

hallinnollista ja käytännöllistä, oli ehdottoman tärkeää, että se tapahtui silti "Hengessä".

Yleistä ja yksityiskohtaista

Tässä tämän kirja ensimmäisessä osassa on pyritty luomaan raamatullinen yleiskatsaus siihen, mitä palveleminen Hengessä on. Kirjan muissa osissa tutkitaan ensin joitakin palvelemista koskevia yleisiä raamatullisia periaatteita ja sen jälkeen tutustutaan useampiin eri raamatullisen Hengessä palvelemisen puoliin.

Edellä havaittiin, että palveleminen tai palvelutyö on yleinen kaikenkattava ilmaus kaikille niille eri tavoille, joilla palvelemme Jumalaa ja toisiamme. Tässä kirjassa käsiteltävät asiat ovat siis väistämättä vain suppea valikoima kyseisiä eri tapoja, sillä on aivan mahdotonta tutustua ihan joka ikiseen mahdolliseen tapaan palvella.

Tämän kirjan seuraavat osat perustuvat Jeesuksen palvelutyöhön. Niissä esitellään Vanhasta testamentista kumpuavat pohjatiedot sekä ne eri tavat, joilla Uusi testamentti kertoo Jeesuksen palvelleen ihmisiä. Näiden pohjalta määritellään sitten laajempia raamatullisia periaatteita, jotka liittyvät kyseisiin palvelemistoiminnan eri puoliin. Seuraavissa osissa siis tarkemmin sanottuna tutkitaan niitä tapoja, joilla Jeesus paransi ihmisiä, siunasi ihmisiä, antoi ihmisille sielunhoidollisia neuvoja ja vapautti ihmisiä pahan voimista. Jeesus toki palveli ihmisiä myös ruokkimalla heitä ja pesemällä heidän jalkansa, ja vaikka näitä ei käsitelläkään erikseen ja yksityiskohtaisesti tässä kirjassa, niitä ei kuitenkaan pidä unohtaa.

Edellä todettiin, ettei Uudessa testamentissa tehdä eroa hengellisen ja käytännöllisen palvelemisen välillä mutta havaittiin, että Roomalaiskirjeen luvussa 12 esitetään, että "palveleminen" on erilaista toimintaa kuin esimerkiksi "saarnaaminen" tai "profetoiminen". Tämä on joidenkin uskovien mielestä hämmentävää. He muistavat, että Sanan julistamista kutsutaan Apostolien tekojen luvussa 6

Palveleminen Hengessä

"palvelukseksi" (v. 1938 käännös) ja ihmettelevät sen tähden, miksi palvelemista sitten pidetään Roomalaiskirjeen luvussa 12 eri asiana kuin saarnaamista. He ihmettelevät, kuinka apostolien saarnatehtävä voi olla sekä palvelutehtävä että eri asia kuin palvelutehtävä.

Yksinkertainen vastaus on, että yksittäisiä sanoja käytetään Raamatussa usein sekä suurella että pienellä tavalla – sekä *yleisellä* että *yksityiskohtaisella* tasolla. Esimerkiksi profetoimisella voidaan tarkoittaa kaikkea Hengen innoittamaa puhetta, jolloin vaikkapa saarnaamistakin voidaan pitkälti pitää profeetallisena. Profetoimista voidaan kuitenkin käyttää myös paljon rajatummalla tavalla, jolloin sillä viitataan vain tiettyihin Jumalan antamiin sanomiin, jotka on tarkoitettu vain jollekin tietyille henkilöille. Ei ole väärin kutsua joitakin saarnoja profeetallisiksi – kunhan vain ollaan selvillä siitä, käytetäänkö sanaa "profetia" silloin *yleisellä* vai *yksityiskohtaisella* tavalla.

Sama koskee myös palvelemista. Kyseinen sana voi tarkoittaa joko "kaikkia tapoja, joilla palvelemme" tai vain "tiettyjä henkilökohtaisia palveluksen tekoja". Yleisellä tasolla käytettynä "palveleminen" viittaa kaikkeen palveluksen työhön, jota tehdään Hengessä – joten "palvelemista" oli sekä apostolien tekemä Sanan julistaminen että diakonien suorittama ruoan jakaminen. Yksityiskohtaisella tasolla käytettynä "palveleminen" kuitenkin viittaa tiettyihin tekoihin, jotka on tehty Hengen innoittamina ja joilla palvellaan joitakin tiettyjä ihmisiä – se viittaa siis sellaiseen henkilökohtaiseen ja yksityiseen palvelemiseen, joka muistuttaa ensimmäisen vuosisadan kodinhoitajien työtä.

Sanaa "palvelutyö" voidaan siis yleisellä tasolla käyttää kaikesta Jeesuksen elämästä ja työstä, sillä kaikki hänen sanansa, rukouksensa ja palvelemisensa tapahtuivat "Hengessä" ja niille oli ominaista nöyrä palveleminen. Sanaa "palvelutyö" voidaan kuitenkin käyttää myös niistä Jeesuksen teoista, jotka palvelivat joitakin tiettyjä henkilöitä. Tämän vuoksi saarnaaminen on palvelemista vain sanan *yleisessä* merkityksessä, ei rajatulla ja kirjaimellisemmalla tasolla.

Palveleminen Hengessä

Samasta syystä esimerkiksi sielunhoito, parantaminen ja pahojen henkien ulosajaminen ovat palvelemista sekä sanan *yleisessä* että sen *yksityiskohtaisessa* merkityksessä.

Tällä erolla on merkitystä, sillä sanojen käyttäminen väärällä tavalla voi jopa halvaannuttaa seurakunnan. Efesolaiskirjeen jae 4:12 osoittaa, että kaikkien pyhien tulisi olla varustettuja palveluksen työhön. Pyhät eivät kuitenkaan palvele raamatullisella tavalla, jos he ymmärtävät palvelemisen tarkoittavan vain saarnaamista ja opettamista tai jos he ajattelevat, että heidät on ainoastaan kutsuttu palvelemaan käytännöllisillä tavoilla.

Meidän täytyy ymmärtää, että koska kyse on nimenomaan *diakoniasta*, palvelutyömme tulisi ilmetä aina henkilökohtaisella tasolla. Meidät on kutsuttu palvelemaan Hengen johdatuksessa ja hänen voimassaan nimenomaan joitakin *tiettyjä* ihmisiä. Palvelemisemme täytyy olla tarkasti kohdistettua.

Sanan rajatussa ja henkilökohtaisessa merkityksessä palvelemisemme saattaa olla sairaan henkilön parantamista, pahan hengen ulosajamista, sielunhoidon tarjoamista, jalkojen pesemistä, ostosten tekemistä, aterian valmistamista tai rukoilemista. Miten ikinä sitten palvelemmekin, palvelemisemme täytyy aina pohjimmiltaan olla henkilökohtaista ja yksilöllistä, kuten kodinhoitajan työtä, ja sen täytyy aina tapahtua Pyhän Hengen johdatuksessa ja voimassa.

Osa 2

Hengessä palvelijat

Nyt kun on ymmärretty, että raamatullinen Hengessä palveleminen on nöyrää palvelemista Pyhässä Hengessä, on syytä selvittää, ketkä palvelevat Hengessä Raamatussa ja mitä heidän palveluksen työstään voidaan oppia.

Jumalan palvelijat Vanhassa testamentissa

Profeettoja kutsuttiin Vanhassa testamentissa yleensä "Jumalan miehiksi" – 5 Moos. 33:1; 1. Sam. 2:27, 9:6; 1. Kun. 13:1, 20:28, 25:7–9; 2. Kun. 4:7; 2. Aik. 25:7–9 ja Neh. 12:24. Heidät tunnettiin kuitenkin myös "Jumalan palvelijoina". Palvelijasta käytetty heprean kielen sana *ebed* tarkoittaa "tekijä".

Nimitystä "Jumalan palvelija" käytetään ainoastaan Mooseksesta – 5. Moos. 34:5 ja Joos. 8:31 –, mutta nimityksiä "hänen palvelijansa", "sinun palvelijasi" ja "minun palvelijani" käytetään myös muista profeetoista – Jer. 44:4; Hes. 38:17; Dan. 9:6 ja Sak. 1:6. Jakeissa 2. Kun. 17:13 ja Esra 9:11 taas voidaan havaita selvästi se palvelijan ja isännän suhteen kaltainen suhde, joka profeetoilla oli Jumalan kanssa. Profeetat olivat Jumalan äänitorvia, ja heidän tehtävänsä oli ilmoittaa hänen sanomansa muuttamatta sitä millään tavoin. Heitä voidaan syystäkin kutsua Vanhan testamentin "Jumalan palvelijoiksi".

"Profeetoista" käytetään kolmea heprean kielen sanaa:

- ◆ *Nabi* tarkoittaa henkilöä, joka kutsuu ja joka on kutsuttu. Profeetat – palvelijat ja Jumalan palvelijat – ovat Jumalan kutsumia, he kutsuvat ihmisiä Jumalan antamalla kutsulla ja he huutavat Jumalan puoleen ihmisten puolesta.

- ◆ *Roeh* ja *hozeh* ovat sanan "nähdä" eri muotoja. Ne tarkoittavat henkilöä, joka näkee ja joka nähdään.

Palveleminen Hengessä

Profeetat näkevät Jumalan, sen, mitä Jumala on tekemässä ja tulevia tapahtumia. Lisäksi ihmiset näkevät heidät.

Näiden sanojen pohjalta voidaan ymmärtää Hengessä palvelemisen perustus. Jumala on kutsunut meidät itselleen, ja sitten me kutsumme hänen puolestaan muita ihmisiä. Me näemme, mitä Jumala on tekemässä, ja ihmiset näkevät meidät, kun me palvelemme Jumalan "tekijöinä".

Kuinka heistä tuli profeettoja?

Vanhassa testamentissa profeetat olivat aina Jumalan valitsemia. Kaikki eri selonteot niistä hetkistä, kun profeetat kutsuttiin, todistavat Jumalan kutsun voimasta. Profeettojen täytyi valita, jättäisivätkö he kaiken, mitä olivat tekemässä, ja aloittaisivat jotain sellaista, mikä vaikutti vaikealta, vai olisivatko he tottelematta Jumalaa – 2. Moos. 3:1–4:17; Jes. 6; Jer. 1:4–19; Hes. 3; Hoos. 1:2; Aam. 7:14–15 ja Joona 1:1.

Kutsun ensisijainen tarkoitus ei ollut lähettää heitä suorittamaan jotakin jumalallista tehtävää vaan kutsua heidät tulemaan pyhän Jumalan läsnäoloon. Heidän täytyi ensin seistä Jumalan edessä, ja vasta sitten he kykenivät seisomaan kuninkaiden ja kansakuntien edessä. Kun he ensin olivat kuulleet hänen kutsunsa, he kykenivät kutsumaan myös muita. Tällainen kuunteleminen on keskeisin asia kaikessa palvelemisessa Hengessä. Tämä havaitaan kohdissa 1. Kun. 22; Jer. 23:22 ja Aam. 3:7.

Mistä heidän palvelutyönsä koostui?

Jumalan palvelijoiden kolme päätehtävää olivat:

1. Jumalan sanojen puhuminen

Heidän sanomansa ydin oli aina "tehkää sovinto Jumalan kanssa". He varoittivat tulevista tapahtumista ja perustelivat varoituksensa esimerkeillä teoista, joita Jumala oli menneisyydessä tehnyt. He kutsuivat jumalattomia tekemään

Hengessä palvelijat

parannusta kuvailemalla tulevaa rangaistusta. Lisäksi he tarjosivat siunauksia kutsumalla jumalallisia elämään pyhää elämää – Aam. 5; Sef. 1:14–2:3; Hoos. 5 ja Jes. 2:2–5. He kutsuivat myös Jumalan kansaa huolehtimaan köyhistä ja puutteenalaisista – 3. Moos. 19:9–18; 5. Moos. 23:15–25; 2. Aik. 28:9–15; Aam. 2:6–7, 4:1–3 ja 8:4–8.

Profeetat muistuttivat ihmisiä siitä, mitä Jumala oli tehnyt. Menneiden tapahtumien avulla he julistivat Jumalan luontoa, ja sitten he paljastivat, mitä Jumala oli tekemässä. Heidän puheensa ei ollut innoituksessa puhuttua arvailua, vaan he saivat jumalallista ilmestystietoa. He eivät ennustaneet, he profetoivat. He puhuivat muille sitä, mitä olivat ensin kuulleet Jumalan puhuvan heille – Jes. 41:21–23 ja 45:20–22.

2. Jumalalta anominen

Vanhan testamentin aikaan profeetat olivat ainoita ihmisiä, jotka saattoivat rukoilla Jumalaa tilanteiden ja ihmisten puolesta. Abraham oli ensimmäinen ihminen, jota kutsutaan nimenomaan profeetaksi. Hänestä kerrotaan, että hän kykeni menestyksekkäästi anomaan asioita Jumalalta ja muuttamaan tilanteita – 1. Moos. 20:7.

Jetro ehdotti, että Mooseksen pitäisi tehdä esirukouksesta ensisijainen tehtävänsä, ja Mooses toimi hänen ohjeensa mukaan – 2. Moos. 18:19 ja 4. Moos. 27:5. Profeetat tunnettiin niin väkevinä esirukoilijoina, että kuninkaat anelivat heitä anomaan Jumalalta asioita heidän puolestaan – 1. Kun. 13:6; 2. Kun. 19:4 ja Sak. 7:1–3.

3. Jumalan tekojen tekeminen

Jumalan palvelijat olivat ainoita Vanhan testamentin henkilöitä, jotka olivat osallisia ihmeiden tekemiseen – ihmeisiin ja merkkeihin, parantamiseen, neuvonantamiseen ja Jumalan profeetallisella arvovallalla puhumiseen.

Vain ne miehet ja naiset, jotka oli voideltu Jumalan Hengellä, kykenivät olemaan Jumalan tekojen "tekijöitä" – 1. Moos. 20; 4. Moos. 12; 1. Kun. 13, 17:7–24; 2. Kun. 4:8–37, 20:1–11; 2.

Palveleminen Hengessä

Aik. 25:5-16 ja Jer. 38:14-28. Tähän aiheeseen palataan vielä tuonnempana.

Mikä innoitti heitä palvelemaan?

1. Jumalan Sana
Aamoksen kirjan jae 3:8 osoittaa, että Jumalan Sanalla oli väkevä vaikutus profeettoihin. "Jumalan Sana tuli [jollekin]" on yleisin ilmaus, jolla kuvataan tämän kaltaista innoitusta. "Tulla jollekin" -ilmauksen parempi tulkinta voisi olla joko "tuli tehokkaasti läsnäolevaksi jollekin" tai yksinkertaisemmin "oli jollekin". Kyseisellä ilmauksella kuvataan sellaista sisäistä tietoisuutta Jumalan sanomasta, joka kasvaa jonkin tietyn ajan kuluessa – katso esimerkiksi kohdat Sak. 1:1 ja 7.
   Kuten havaitaan kohdissa Jer. 1:11, 18:1-4,24 ja Aam. 7:7, tällainen kehotus kumpusi joskus tavallisista tapahtumista. Vaikuttaa siltä, että Jumala paljasti sanansa, kun hänen palvelijansa elivät yksityisessä ja läheisessä yhteydessä hänen kanssaan – ei niinkään äkillisissä valaistumisen hetkissä. Tällainen innoitus on mietiskelyn, pohdiskelun, tarkkailun ja opiskelun tulosta.

2. Jumalan taakka
Habakukin kirjan jakeessa 1:1 kerrotaan Herran *massasta*. Joissakin raamatunkäännöksissä se on tulkittu "ennussanaksi" tai "ennustukseksi", mutta sanatarkasti se tarkoittaa "kuormaa" tai "taakkaa". Siihen sisältyy ajatus siitä, että Jumala antaa palvelijoidensa kokea, mitä hän itse kokee – Jes. 13:1, 14:28, 15:1, 17:1, 19:1, 21:1,11,13, 22:1, 23:1 ja Jer. 23:33-40.

3. Jumalan Henki
Raamatussa opetetaan niin vahvasta Hengen ja profetoimisen välisestä yhteydestä, että tuota yhteyttä on lähes mahdotonta liioitella.
   Tuo yhteys mainitaan ensimmäisen kerran 4. Mooseksen kirjan jakeessa 11:29. Ensimmäisen Samuelin kirjan luku 10 ja

Hengessä palvelijat

jakeet 19:18-24 osoittavat, Hengen tuleminen ihmisten ylle johti spontaaniin profetoimiseen. Miikan kirjan jae 3:8 antaa ymmärtää, että Henki ei ainoastaan innoittanut Jumalan palvelijoita vaan antoi heille myös heidän tarvitsemansa rohkeuden julistaa saamansa ilmoituksen. Lisäksi Joelin kirjan jae 2:28 tekee selväksi, että Hengen vastaanottamisen seurauksena pitäisi olla jumalallista profetoimista – Jumalan sanojen puhumista Jumalan voimassa tietyille ihmisille. Tämä on välitöntä innoitusta, joka johtaa sanoman julistamiseen välittömästi.

4. Unet, näyt ja enkelit
Jumalan palvelijat saivat usein myös innoitusta näyistä, joita he näkivät päivisin, ja unista, joita he näkivät öisin – 4. Moos. 12:6; Jes. 6; Hes. 40:2; Dan. 7:1 ja Sak. 1:8. Joskus harvoin profeettojen luokse lähetettiin myös enkeleitä – 2. Kun. 1:3-15; 1. Aik. 21:18; Dan. 9:21 ja Sak. 1:9.

Hengen miekka -kirjasarjan osassa *Jumalan tunteminen* käsitellään vielä paljon yksityiskohtaisemmin sitä tapaa, jolla Jumala puhui profeetoille.

Kuinka he palvelivat?
Vaikka kaikki Vanhan testamentin profeetat saivatkin innoituksensa samalta Jumalalta, heillä kaikilla oli oma erityinen tyylinsä puhua ja palvella.

Profeettojen tehtävä oli yksinkertaisesti välittää muille se ilmoitus, jonka he olivat saaneet Jumalalta. Ilmoitus ei kuitenkaan ole mikään sanelu, joten profeetatkin löivät ilmoituksiin omat henkilökohtaiset leimansa, ja heistä kukin julisti sanomansa omalla tyylillään. Kertova runous, proosa, vertaukset, suora puhe, satiiri, psalmit, valitusvirret, saarnat, palopuheet, *midrashim* – Jumalan palvelijat hyödynsivät kaikkia näitä ja muitakin julistamisen keinoja välittääkseen Jumalan ilmoituksen eteenpäin muille.

Kun Jumalan palvelijat puhuivat Hengessä, he eivät ilmaisseet jotakin mielipidettä, vaan he esittivät arvovaltaisen

Palveleminen Hengessä

lausunnon, joka sai aikaan muutosta. Minkä he ilmoittivat, se tapahtui. Kohdat Jes. 40:6-8 ja 55:11 paljastavat sen mahtavan voiman, joka puhutulla profeetallisella sanalla on.

Jotkut profeetat höystivät profetoimistaan vertauskuvallisilla ja dramaattisilla teoilla. Tällaiset teot eivät olleet visuaalinen apukeino, vaan ne olivat profeetallista toimintaa, joka julisti sitä, mitä Jumala oli sanonut ja ajatellut – katso esimerkiksi 2. Moos. 17:9; Jer. 19:1,10-11 ja Hes. 4:1-3.

Toiset profeetat taas tekivät ihmeitä. Itse asiassa kaikki, jotka Vanhassa testamentissa tekivät ihmeitä, olivat profeettoja. Mooses, Elia ja Elisa ovat ilmeisiä esimerkkejä, mutta sama havaitaan myös kohdassa 1. Kun. 13:1-10.

Kaikki vanhatestamentillisen profeetallisen palvelutyön puolet ovat äärettömän olennaisia myös meidän nykypäivän Hengessä palvelemistamme ajatellen. Tarkkaavainen Jumalan kuunteleminen, innoituksen saaminen Sanasta ja Hengestä ja Jumalan sanojen puhuminen Jumalan arvovallalla ovat kaikki periaatteita, jotka muodostavat olennaisen raamatullisen perustuksen kaikelle palvelemiselle Hengessä.

Jeesus, Jumalan palvelija
Viidennen Mooseksen kirjan jakeissa 18:15-20 israelilaisia valmistetaan Joosuan johtajuutta varten, mutta ne ovat myös profetia siitä, että Jumala olisi lähettävä toisen Mooseksen kaltaisen profeetan, joka parantaisi, tekisi ihmeitä ja antaisi lain.

Kristuksen aikana juutalaiset odottivat tulevan Messiaan olevan tämä "toinen Mooses" – profeetta, jolle Jumala ilmoittaisi itsensä kuten oli tehnyt 4. Mooseksen kirjan kohdassa 12:6-8 ja joka toisintaisi suuressa mittakaavassa ne urotyöt, jotka olivat liittyneet israelilaisten Egyptistä lähtöön.

Kun papit ja leeviläiset kyselivät Johannes Kastajalta, kuka hän on (Joh. 1:19-25), he halusivat selvittää, oliko hän tuo "Profeetta". Apostolien tekojen jakeet 3:22-24 taas osoittavat, että Pietari uskoi Kristuksen olevan tuo Profeetta.

Hengessä palvelijat

Ihmiset tunnustivat toistuvasti Jeesuksen olevan profeetta – Matt. 21:11; Luuk. 24:19; Joh. 4:18, 6:14 ja 7:52. Lisäksi jakeessa Matt. 13:57 Jeesus vaikuttaa itse kutsuvan itseään profeetaksi. Ainakin hän ilmensi palvelutehtävänsä kautta kaikkia niitä merkkejä, joista suurenmoiset profeetat tunnettiin, ja noudatti kaikkia heidän periaatteitaan siitä, mitä palveleminen Hengessä on.

- ◆ Profeetat ovat lähellä Isän sydäntä – Johanneksen evankeliumin jae 1:18 osoittaa, että kukaan ei ole niin lähellä Isän sydäntä kuin Jeesus.

- ◆ Profeetat jakavat Jumalan salaisuudet – Matteuksen evankeliumin jae 11:27 puhuu sellaisesta läheisyydestä, jota edes Mooses ei ollut Isän kanssa kokenut.

- ◆ Profeetat ovat Jumalan palvelijoita – Johanneksen evankeliumi paljastaa, että Jeesus oli täysin Isänsä arvovallan alla. Siinä selviää, ettei Jeesus koskaan mennyt minnekään, tehnyt mitään tai toiminut millään tavalla, mikä ei olisi ollut kuuliainen vastaus Hengen aloitteeseen.

- ◆ Profeetoilla on jokin tietty tehtävä – jae Matt. 15:24 osoittaa, että Jeesus lähetettiin määrätylle alueelle ja että hänellä oli ainutlaatuinen kutsumus.

- ◆ Profeetat ovat Jumalan äänitorvia – jakeissa Joh. 12:49–50 kerrotaan, ettei Jeesus ominut puhumiaan sanoja. Kaikki hänen sanansa olivat sellaisia, jotka Isä oli käskenyt hänen sanoa.

- ◆ Vain profeetat kykenivät parantamaan sairaita – Johanneksen evankeliumin luvun 9 kerjäläinen tunnusti Jeesuksen profeetaksi, koska Jeesus oli saanut hänen silmänsä aukeamaan.

- ◆ Vain profeetat voivat olla puolestapuhujia ihmisten ja Jumalan välillä – Roomalaiskirjeen jae 8:34 paljastaa, että Jeesus rukoilee puolestamme.

Palveleminen Hengessä

- Vain profeetat voivat välittää Jumalan neuvoja eteenpäin ihmisille – Jesajan kirjan jae 9:6 ennustaa Jeesuksesta, joka on Ihmeellinen Neuvontuoja.

- Profeetoilla on Hengen voitelu – Johanneksen evankeliumin jae 3:34 osoittaa, että Jeesus oli voideltu ilman määrämittaa.

Vanhan testamentin esittelemä Hengen ja profetoimisen yhteys saa huipentumansa Jeesuksessa. Apostolien tekojen jakeessa 10:38 Pietari lainasi Jesajan kirjan kohtaa 61:1 ja sovelsi sitä Jeesukseen. Jeesuksen elämän käänteentekevä hetki oli hänen kasteensa.

Kun hän nousi vedestä, Henki laskeutui alas. Tuossa hetkessä paljastettiin, että Jeesus oli *Christos* – voideltu. Hänet erotettiin rakastetuksi Hengellä voidelluksi profeetaksi palvelemaan ja toimimaan Hengessä.

Kohdissa Matt. 3:1–12; Mark. 1:1–8; Luuk. 3:1–18 ja Joh. 1:19–34 Johannes Kastaja esittelee Jeesuksen sinä henkilönä, joka kastaisi Pyhällä Hengellä. Jeesuksen ensimmäinen profeetallinen teko taivaaseenastumisensa jälkeen oli voidella seurakuntansa Pyhällä Hengellä – erottaa seurakunta muista tekemällä sen jäsenistä profeettojen suvun. Hänen toinen profeetallinen tekonsa – joka myös jatkuu hänen paluuseensa saakka – oli, ja on, rukoilla Isän oikealla puolella meidän puolestamme.

Jeesus oli kuitenkin paljon enemmän kuin vain yksi profeetta muiden joukossa. Apostolien tekojen jae 10:43 osoittaa, että hänen syntymänsä, elämänsä, palvelutyönsä, kuolemansa, ylösnousemuksensa, taivaaseenastumisensa ja toimintansa helluntaina vahvistivat kaiken, minkä Vanhan testamentin profeetat olivat ennustaneet – yli 300 yksityiskohtaista profetiaa täyttyivät hänen elämässään.

Ilmestyskirjan jae 19:10 ohjeistaa, että kaiken profetoimisen täytyisi tapahtua Jeesuksen Hengessä *ja* että sen täytyisi todistaa hänestä. Tämä tarkoittaa, että Jeesus on ylin profeetta ja että kaikkien niiden, jotka profetoivat, täytyy kääntää

Hengessä palvelijat

ihmisten katseet häneen. Hän on sekä esimerkkimme siitä, kuinka palvella, että palvelemisemme tarkoitus.

Meidät on kutsuttu palvelemaan *kuten Jeesus palveli* ja voimme tehdä sitä ainoastaan Hengen voimassa. Meidän täytyy kuitenkin myös muistaa, että *palvelemme Jeesusta* sillä, että palvelemme Hengessä. Kun siis Hengen kehotuksesta teemme jotakin muiden puolesta, Jeesus palvelee kanssamme Hengen kautta *ja* silloin juuri Jeesus on se, jota pohjimmiltaan palvelemme.

Jumalan palvelijat Uudessa testamentissa

Uuden testamentin myötä profeetallisessa palvelutyössä alkoi uusi aika ja uusi järjestys. Profeetallinen palvelutyö säilytti kyllä Vanhasta testamentista nousevat peruspiirteensä, mutta enää siitä eivät olleetkaan vastuussa ainoastaan yksittäiset ihmiset vaan koko seurakunta. Tämä tarkoittaa myös sitä, että profeetallisen palvelutyön tulisi olla seurakunnan jokaisen nykyilmenemismuodon ytimessä.

Kohdissa 4. Moos. 11:16–17 ja 24–30 Mooses tarvitsi apua, mutta vain sellaiset henkilöt, joiden ylle Henki tuli, kykenivät jakamaan hänen profeetallisen taakkansa hänen kanssaan. Kun Joosua kyseenalaisti Eldadin ja Medadin profetoimisen, Mooses vastasi hänelle profeetallisella rukouksella, joka on kaikunut läpi aikojen: "Kunpa koko Herran kansa olisi profeettoja ja saisi Herran hengen!"

Jumala vastasi tähän rukoukseen ja kunnioitti sitä helluntaina vuodattamalla Henkensä ilman rajoituksia seurakunnan ylle. Helluntaista lähtien on mahdollisuus profeetalliseen palvelutyöhön ollut tarjolla jokaiselle sellaiselle uskovalle seurakunnassa, joka on täytetty Pyhällä Hengellä.

Hengen antamisessa ja Hengen vastaanottamisessa ei helluntaina ollut minkäänlaisia rajoituksia. Kun Pietari puhui profetoimisesta Apostolien tekojen jakeessa 2:18, hän varmastikin ymmärsi sanojensa tarkoittavan sitä, että aivan koko seurakunta toteuttaisi Vanhan testamentin profeettojen palvelutyötä aiempaa suuremmin ja laajemmin. Tämä

Palveleminen Hengessä

tarkoittaa siis, että kaikki ihmiset seurakunnassa – kaikki miehet ja naiset, vanhat ja nuoret, koulutetut ja lukutaidottomat – voivat palvella Hengessä.

Helluntaista lähtien kaikki Jumalan kansat jäsenet ovat voineet olla todellisia, voideltuja Jumalan palvelijoita. Kaikki uskovat voivat nyt olla "kutsuttuja ja kutsujia", "nähtyjä ja näkeviä". Kaikki voivat astua sisään Pyhän Jumalan läsnäoloon ja kuulla hänen salaisuuksiaan. Kaikki voivat välittää eteenpäin Jumalan ajatuksia ja puhua Jumalan arvovallalla ja tehokkuudella. Kaikki voivat rukoilla muiden puolesta ja saada innoitusta Sanasta ja "Hengestä". Kaikki voivat välittää muille Jumalan neuvoja, lohdutusta ja parantumista. Jokainen uskova voi nyt palvella Hengessä kuten profeetat tekivät ennen vanhaan.

Apostolien tekojen jakeen 2:18 lupaus ei tarkoita, että kaikista tulisi profeettoja vaan että kaikki tulisivat profetoimaan. Näillä kahdella on merkittävä ero. Se tapa, jolla Uuden testamentin seurakunta profetoi, voidaan havaita siinä, kuinka pyhät käyttäytyivät päivästä toiseen Apostolien teoissa – siinä, kuinka he palvelivat muita Hengen johdatuksessa. Tämän lisäksi oli kuitenkin vieläkin myös niitä, joita kutsuttiin erikseen "profeetoiksi".

Sama koskee myös joitakin muita palvelemisen muotoja. Kaikkien uskovien tehtävä on evankelioida, mutta kaikki uskovat eivät silti ole evankelistoja. Kaikkien uskovien tehtävä on parantaa, mutta eivät kaikki silti ole parantajia. Kaikkien uskovien tehtävä on opettaa, mutta eivät kaikki silti ole opettajia. Me emme kaikki voi olla seurakuntien palkkalistoilla kokoaikaisina pappeina, mutta meidät kaikki on kutsuttu toimimaan täysipäiväisesti profeetallisissa asioissa – ja tätä teemme kuuntelemalla Jumalaa, puhumalla hänen sanojaan ja tekemällä hänen tekojaan.

Palveleminen markkinapaikoilla

Tämä auttaa meitä ymmärtämään, mitä seurakunnan todellinen palvelutyö on. Meidät on kutsuttu palvelemaan

Hengessä palvelijat

kuten Jeesus palveli. Me siis edustamme häntä, teemme hänen tekojaan paitsi kokouspaikoissa (seurakunnassa) myös markkinapaikoilla (maailmassa). Karismaattisen liikkeen huippuvuosina 1970- ja 1980-luvuilla hengelliset johtajat painottivat vahvasti "Hengen lahjoja". Heidän tavoitteensa oli nähdä Kristuksen ruumis varustettuna Hengen vaikuttamilla profeetallisilla ja karismaattisilla aikaansaannoksilla, niin että jokainen jäsen kykenisi toimimaan Jumalan tarkoittamalla tavalla seurakunnan rakennukseksi Efesolaiskirjeen jakeiden 4:12–16 mukaisella tavalla. Tämä painotus oli ristiriidassa sen painotuksen kanssa, joka vallitsi joidenkin muiden evankelisten pastoreiden joukossa, jotka keskittyivät seurakunnissaan palvelemisen käytännöllisiin puoliin – kuten taloudenhoitoon, ruoan jakeluun, siivoamiseen ja kirkonpenkkien kiillottamiseen. Edellä havaittiin, että kaikki palveleminen on palvelusta sen yleisessä merkityksessä ja että todellista palvelemista ovat sekä hengellisten lahjojen harjoittaminen että käytännölliset tavat palvella.

Meidän on kuitenkin tärkeää ymmärtää itse palvelemista tarkemmin, siis sitä Kristuksen palvelutyötä, jota jokainen Kristuksen ruumiin jäsen on kutsuttu toteuttamaan. Kristuksen palvelutyö on kaikessa yksinkertaisuudessaan sitä Kristuksen työtä, jota hän kutsuu meidät tekemään ruumiinaan, maanpäällisinä edustajinaan. Johanneksen evankeliumin jakeessa 20:21 Jeesus sanoi opetuslapsilleen: "Niin kuin Isä on lähettänyt minut, niin lähetän minä teidät." Jeesuksen seurakunnalle antamasta "lähetän teidät" -tehtävästä voidaan lukea myös kohdista Matt. 9:38, 10:16 ja Mark. 3:14, 6:7.

Kyseisistä jakeista voidaan heti havaita, että Kristuksen palvelutyö liittyy jotenkin seurakuntaan – meidät on kutsuttu palvelemaan toisiamme ja rakentamaan toisiamme. Jeesus lähettää meidät kuitenkin myös paljon tätä laajemmalle, ja tuon lähettämisen päätarkoitus liittyykin itse asiassa maailmaan. Kristus lähettää meidät maailmaan, jotta voisimme palvella sitä hänen puolestaan ja tehdä hänen työtään.

Palveleminen Hengessä

Edellisellä ajatuksella on valtavia seurauksia niille, jotka haluavat "palvella Hengessä". Hengessä palvelemisessa ei ole kyse ainoastaan siitä, että opimme palvelemaan toisiamme Hengen lahjoilla tai että palvelemme seurakunnassa käytännöllisillä tavoilla, kuten asettelemalla kukkia tai ottamalla kahvitusvuoroja. Siinä on kyse siitä, että teemme, mitä Jeesus teki – teemme aivan kaikkea sitä, mitä hänkin teki palvellessaan ihmisiä. Kaikista tärkeintä kuitenkin on, että teemme sitä markkinapaikoilla – emme ainoastaan kokouspaikoissa. Toisin sanoen se päämäärä, joka Kristuksella on mielessään palvelemista koskien, ei ole ainoastaan nähdä yhä useampien ihmisten tekevän jotakin seurakunnassa – joko hengellisten lahjojen harjoittamisen tai käytännöllisen palveluksen kautta – vaan lähettää koko seurakunta liikkeelle toimimaan maailmassa.

Jeesuksen seurakunnalle antama lähetyskäsky (Matt. 28:18–20) on tehdä opetuslapsia. Tämä osoittaa, että lähettämisessämme on juurikin kyse siitä, että menemme hänen valtuuttaminaan *markkinapaikoille*, joissa toimimme niin kuin hänkin toimi ja palvelemme Hengen voimassa. Palvelemisemme ei välttämättä toteudu sen kautta, että meillä olisi virallinen "palkkatyö" seurakunnassa, mutta se liittyy aina siihen, että palvelemme Kristusta ja muita ihmisiä maailmassa, minne tahansa hän meidät lähettääkin. Todelliset Kristuksen palvelijat ovat niitä hänen ruumiinsa jäseniä, jotka evankelioivat, opettavat, parantavat, vapauttavat ja opetuslapseuttavat toisia, jotka palvelevat Kristusta kyseisillä tavoilla yliopistoissa, yritysmaailmassa, politiikassa, lääkäreinä, opettajina, tehdastyöläisinä, toimistotyöntekijöinä tai maatiloilla – siis juuri siellä, missä jokapäiväistä elämää eletään.

Kun luet tätä kirjaa pidemmälle ja opit, kuinka palvella niin kuin Jeesus palveli, kuinka palvella Hengessä, pidä mielessäsi, että sinut on jo kutsuttu tekemään Jeesuksen työtä juuri siellä, missä olet. Pidä myös mielessäsi, että Jumala on antanut sinulle valmiin ympäristön, jossa palvella: kodissasi, perheessäsi ja päivittäisissä toimissasi.

Osa 3

Hengessä palveleminen

Edellä on havaittu, että meidät on kutsuttu palvelemaan juuri "Hengessä". Meidät on kutsuttu palvelemaan Jumalaa ja toinen toistamme yhtä huolellisesti ja nöyrästi kuin ensimmäisen vuosisadan kodinhoitajat palvelivat sekä lisäksi sillä voimalla, voitelulla ja arvovallalla, joka Vanhan testamentin profeetoilla oli.

Helluntaina tapahtunut Hengen voitelu ei antanut seurakunnalle jotakin maagista voimaa palvella, vaan se avasi seurakunnalle mahdollisuuden olla elävässä suhteessa Pyhän Hengen kanssa. Opetuslapset kastettiin Hengellä, niin että he voisivat olla hänessä ja hänen kanssaan ikuisesti, niin että he voisivat elää ja palvella pysyvässä kumppanuudessa Hengen kanssa. Luvattu "Auttaja" (Joh. 14:16) oli tullut pysyvästi seurakunnan vierelle, auttamaan sen jäseniä olemaan tehokkaita Jeesuksen todistajia.

Sama koskee myös meitä. Kun uskossa otamme omaksemme luvatun Hengen voitelun, meidät voidellaan hänellä, meidät upotetaan häneen ja meidät täytetään hänellä. Alamme kulkea hänessä ja hänen kanssaan ja kykenemme palvelemaan hänen ohjeidensa mukaan, hänen antamillaan lahjoilla sekä hänen voimassaan ja hänen tehokkuudellaan. Tätä käsitellään kirjassa *Hengen tunteminen*.

Jeesuksen palvelutyön jatkaminen

Edellä havaittiin, että profeetallisen toiminnan ja palvelutyön tulisi kaikilta osin kääntää huomio Jeesukseen, ja tiedämme myös, että Hengen ainoa tarkoitus on kirkastaa Jeesusta. Tästä voidaan päätellä, että me palvelemme Hengessä, jotta Jeesuksen palvelutyö voisi jatkua ja että hän tulisi kirkastetuksi.

Palveleminen Hengessä

Opetuslapseus

Palveleminen Hengessä liittyy aina tiiviisti opetuslapseuteen: palveleminen on merkki siitä, että me itse olemme opetuslapsia, ja lisäksi palvelemalla muita myös teemme opetuslapsia. Ensimmäiset kumppanit, joiden kanssa Jeesus palveli, olivat hänen "opetuslapsiaan", ja hänen käskynsä koskien heidän palvelutyötään oli tehdä muistakin opetuslapsia. Kreikan kielen sana *mathetes* tarkoittaa "henkilöä, joka oppii". Jeesuksen ensimmäisten opetuslasten tavoin meidänkin täytyy "oppia" Kristukselta ja seurata hänen esimerkkiään kaikessa – ajattelussamme, puheissamme, elämäntavoissamme, rukouksissamme, moraalikäsityksissämme sekä siinä, kuinka osoitamme myötätuntoa, palvelemme ja huolehdimme toisista.

Opetuslapseus tarkoittaa täydellistä kuuliaisuutta Jeesukselle sen tähden, että rakastamme häntä ja haluamme oppia ainoastaan häneltä. Lisäksi se tarkoittaa sitä, että opetamme muitakin tekemään samoin. Kun elämme Hengessä, emme voi olla kuulematta Hengen kehotusta ajatella ja toimia Jeesuksen tavoin. Silloin "tunnemme", että hän kehottaa meitä tekemään sitä tai tätä, menemään jonnekin, istumaan hiljaa, sanomaan jonkin lyhyen lausahduksen ja niin edelleen. On kuitenkin syytä muistaa, ettei Henki koskaan pakota meitä tottelemaan itseään, eikä hän myöskään koskaan hylkää meitä – edes silloin, kun teemme virheitä tai toimimme typerillä tavoilla. Hänet on aina "kutsuttu kulkemaan vierellämme".

Johdatus

Kaikki palveleminen on sen varassa, osaammeko kuunnella Henkeä ja koetella ja tunnistaa hänen kehotuksiaan. Juuri tämä kyky oli Jeesuksen tehokkuuden salaisuus. Jos haluamme jatkaa Jeesuksen palvelutyötä, meidän yksinkertaisesti täytyy oppia tunnistamaan Hengen kehotus omista luonnollisista ajatuksistamme ja paholaisen sekoittavista puheista. Tätä tutkitaan kirjassa *Jumalan tunteminen*.

Hengessä palveleminen

Voimme olla varmoja siitä, että jos elämme Hengessä, hän myös johtaa ja ohjaa meitä. Hän ei kuitenkaan pakota meitä tottelemaan itseään. Hän rohkaisee. Hän neuvoo. Hän on itsepintainen. Mutta hän ei koskaan vaatimalla vaadi.

Monet uskovat rukoilevat ainoastaan Isää, mutta joskus on hyödyllistä rukoilla keskustelevammalla tavalla Hengen kanssa. Rukoilemme tietenkin yhdessä Hengen *kanssa*, emme rukoile Henkeä, mutta voimme kokea yhteyttä Hengen kanssa ja *puhua* hänelle, täysin riippuvaisina hänen avustaan. Jos todella haluamme palvella Pyhässä Hengessä ja Pyhän Hengen kanssa, tulisi olla selvää, että meidän todellakin täytyy kuunnella häntä.

Turvautuminen Henkeen
Alamme kasvaa hengellisesti vasta sitten, kun ymmärrämme, ettemme todellakaan voi tehdä mitään omassa voimassamme. Vain turvautumalla täysin Henkeen kykenemme palvelemaan Hengessä.

Ensimmäisen Kuninkaiden kirjan luku 18 selventää, mikä ero on Hengen täyttämien ja väärien profeettojen välillä. Oleellisin seikka, jonka voimme tuosta luvusta oppia, on, ettei Elia itse yrittänyt saada mitään aikaiseksi vaan että hän sen sijaan teki kaikkensa todistaakseen ihmisille, ettei *hän itse* ollut ihmeen takana. Elian tavoin meidänkin täytyy toimia niin, että ihmisten on vaikea uskoa, että palvelemistilanteissa tapahtuvat asiat johtuisivat inhimillisestä manipuloinnista tai vaikutuksesta. Meidän täytyy tehdä mahdollisimman selväksi, että juuri Henki saa aivan kaiken aikaan.

Tämä periaate on erittäin selkeä myös Jeesuksen palvelutyössä, katso esim. Joh. 5:30. Jeesus piti yhä uudestaan ja uudestaan tiukasti kiinni siitä, ettei hän itse kyennyt tekemään mitään, sanomaan mitään tai menemään minnekään omassa arvovallassaan: kaiken takana oli aina Jumala.

Yksi hämmentävä seikka Jeesuksen palvelutyössä oli se, että hän toisinaan pyysi ihmisiä olemaan kertomatta kokemastaan ihmeestä. Kohdat Mark. 7:31–37 ja 8:22–26 kuvastavat juuri

Palveleminen Hengessä

tätä hänen pyhää haluaan työskennellä huomaamattomasti – mikä on myös yksi nöyrän ja vaatimattoman Pyhän Hengen tunnuspiirteistä.

Kun turvaudumme aidosti ja täysin Totuuden Henkeen, meidät tunnetaan aivan varmasti hänen suorasta puhetyylistään, eikä meidän tarvitse kokea tarvetta turvautua maallisiin keinoihin, jotka liioittelevat tosiasioita, jättävät virheitä huomiotta ja vain harvoin kiinnittävät kaikkea huomiota Jeesukseen.

Hengen voitelu

Henkeen turvautuminen tarkoittaa sitä, että luotamme saamaamme Hengen voiteluun. Palvelemistilanteissa on usein suuri kiusaus luottaa omiin ja muiden kokemuksiin pikemmin kuin Hengen kehotukseen ja johdatukseen. Emme saa kuitenkaan koskaan unohtaa Pyhän Hengen voitelua, ja meidän on myös hyvä muistaa, että Jeesuksen koko palvelutyö tapahtui Hengen voitelun alaisuudessa. Kuten opitaan kirjassa *Hengen tunteminen*, Jeesus aloitti julkisen palvelutyönsä vasta sen jälkeen, kun hän oli ensin saanut Hengen voitelun. Jeesus päätti olla hyödyntämättä jumalallista luontoaan palvellessaan, koska hän halusi asettaa meille esimerkin siitä, kuinka palvella. Siksi hän oli riippuvainen rukouksesta, Sanasta, Hengen voitelusta ja Hengen lahjoista aivan yhtä paljon kuin mekin. Jos kerran Jeesuskin tarvitsi Hengen voitelua maanpäällisessä palvelutyössään, kuinka paljon enemmän meidän täytyykään tarvita tuota samaa voitelua voidaksemme tehdä kaiken, mitä Jumala on kutsunut meidät tekemään!

On itsestään selvää, että meidän täytyy aina toimia raamatullisten periaatteiden mukaan ja että maalaisjärki ja aiemmat kokemuksemme ovat tärkeitä, mutta niiden lisäksi meidän täytyy myös tietoisesti turvautua Henkeen ja alistua hänen arvovaltaansa kaikkina aikoina.

Hengessä palveleminen

Hengen asialistan erottaminen

Yksi palvelemisen perusperiaatteista on, ettei Jumala anna voimaa tehdä sellaista, mitä hän ei itse ole tekemässä, mutta että hän aina antaa voiman tehdä sellaisia asioita, joita hän on tekemässä. Juuri tästä syystä Vanhan testamentin profeettojakin kutsuttiin nimellä Jumalan *ebed*, "tekijä" tai palvelija.

Jeesus, joka oli täysin Jumala ja joka oli – ihmisenä – voideltu Hengellä vailla määrää, ei parantanut kaikkia maan sairaita. Sen sijaan hän paransi kaikki, jotka tuotiin hänen luokseen, ja lisäksi hän vei Jumalan parantavan työn joillekin tietyille henkilöille. Hän kuitenkin jätti usein huomiotta ne suuret joukot sairastavia ihmisiä, jotka olivat sen henkilön ympärillä, jota hän oli parantamassa. On selvää, että Jeesus teki vain sen, mitä Isä oli tekemässä, ja piti tiukasti kiinni Hengen asialistasta.

Palvelemisemme on tehotonta, jos pyrimme ottamaan aloitteen omiin käsiimme tai seuraamaan omia mieltymyksiämme. Meidän täytyy odottaa Pyhää Henkeä ja vastaanottaa häneltä tarkat ohjeet ja tarkka ilmoitus, ennen kuin jatkamme palvelemista Hengessä yhtään millään tavalla. Juuri näin voimme havaita myös Vanhan testamentin profeettojen toimineen.

Odottaminen

Jumalan tahdon tunteminen on yksi kristillisen elämän vaikeimmista asioista. Me kaipaamme saada olla kuuliaisia Jumalalle, mutta emme aina tiedä, mitä hän haluaa meidän tekevän. Monet uskovat – sen sijaan, että odottaisivat hänen johdatustaan – tekevät omia olettamuksiaan ja toimivat sen mukaan, mikä vaikuttaisi olevan paras tapa heidän sen hetkisten omien ajatustensa ja mieltymystensä perusteella.

Jakeiden Joh. 10:16 ja 27 lupaukset ovat lupauksia, jotka Jeesus on pitänyt. Hengen kautta me todella voimme kuulla Jumalan äänen. Joskus emme kuitenkaan ole varmoja, onko kyse hänen äänestään vai omista ajatuksistamme. Toisinaan taas mielemme ovat niin täynnä hälyä, ettemme kykene

Palveleminen Hengessä

kuulemaan hänen ääntään selvästi. Tiedämme, että hän puhu meille jotakin – emme vain kykene saamaan selvää, mitä hän on sanomassa.

Meidän täytyy odottaa kärsivällisesti Jumalaa ja raivata elämäämme tilaa rauhan hetkille – jotka voivat olla vaikkapa Sanan mietiskelyn hetkiä – ennen kuin alamme kuunnella Hengen johdatusta.

Kuunteleminen
Meidän täytyy rukoillessamme käyttää enemmän aikaa kuuntelemiseen kuin mitä nyt teemme. Liian usein käytämme aikaa vain siihen, että pyydämme Jumalaa tekemään asioita, kun meidän tulisi käyttää aikaa myös siihen, että kyselisimme, mitä hän haluaa meidän tekevän – ja sitten kuuntelisimme, mitä hän vastaa.

On syytä huomioida, että Jumala puhuu meille – aivan kuten menneiden aikojen profeetoillekin – yleensä Sanansa kautta. Siksi meidän täytyykin viettää aikaa kuunnellen Jumalaa ja lukien Raamattua. Meidän täytyy kuitenkin lisäksi olla jatkuvasti valppaina, sillä Jumala puhuu meille joskus myös tavallisten tapahtumien kautta.

Lisäksi meidän täytyy tarkata kaikkea meissä kasvavaa Herralta tulevaa profeetallista "taakkaa", joka on yksi Jumalan tavoista kääntää huomiomme asioihin, jotka ovat hänen sydämellään.

Käytännön tasolla yksi hyvä tapa oppia tunnistamaan Jumalan ääni on kysyä Jumalalta tarkkoja kysymyksiä. Meidän ei tulisi pelätä kysyä häneltä, mitä meidän tulisi tehdä tai sanoa, mutta meidän tulisi sitten myös "koetella" ne ajatukset, jotka tulevat mieliimme.

"Henkien erottamisen armolahja", johon viitataan kohdassa 1. Kor. 12:10, on osittain annettu auttamaan meitä saamaan selvyys Jumalan sanasta. Kreikan kielen sana *diakrisis* on usein käännetty sanalla "arvosteleminen" (ks. esim. v. 1938 käännös), mutta sanatarkasti se tarkoittaa "erottamista". *Diakrisis*-lahja viittaa siihen Hengen antamaan näkökykyyn, jonka avulla

Hengessä palveleminen

kykenemme "erottamaan" jumalallisen kaikesta demonisesta tai inhimillisestä.

Kun kuuntelemme Jumalaa, "kuulemme" tai "näemme" usein sanoman tai ohjeen, joka on sekoitus Jumalalta tulevaa jumalallista johdatusta ja omaa inhimillistä intoamme ja kulttuurillisia arvojamme.

Diakrisis-lahja, henkien "arvostelemisen" tai "erottamisen" armolahja, auttaa meitä "siivilöimään pois" inhimilliset vaikutteet ja selvittämään Jumalalta tulevan sanan jumalallisen ytimen. Tätä käsitellään laajemmin kirjassa *Jumalan tunteminen*.

Kun olemme tunnistaneet Jumalan sanan, meidän täytyy toimia sen mukaan, mitä olemme sisäisessä hengessämme ymmärtäneet. Ajan myötä ja sitoutumalla tiukasti "oppijana" olemiseen, me todella alamme tunnistaa niitä erityisiä tapoja, joilla Henki puhuu meille.

Emme saisi koskaan lakata viettämästä yksityistä aikaa vain Hengen kanssa, häntä kuunnellen. Saamme kuitenkin myös yhä enenevissä määrin huomata, että hän alkaa keskeyttää luonnollisia ajatuksiamme halutessaan meidän palvelevan jotakin ihmistä.

On syytä muistaa, että profeetat saivat innoitusta paitsi Sanasta myös Hengestä. Tällainen innoitus oli yhtäkkistä, ja se annettiin jotakin välitöntä toimintaa varten. Jotkut palveluksen työmme arvokkaimmista hetkistä tapahtuvat juuri silloin, kun toimimme tällaisten äkillisten ajatusten ohjaamina.

Pyytäminen

Kun palvelemme jotakin henkilöä, meidän täytyy kuunnella sekä Jumalaa että sitä kyseistä henkilöä, jota olemme auttamassa.

Jeesuksen toiminta ei ollut ainoastaan yliluonnollista, vaan hän toimi myös luonnollisella tasolla tarkkaillen ja tehden johtopäätöksiä. Hän kyseli ihmisiltä tavallisia ja luonnollisia kysymyksiä, jotka auttoivat häntä palvelemaan heitä. Jos kerran Jeesuksenkin täytyi kysellä senkaltaisia kysymyksiä,

Palveleminen Hengessä

joista voidaan lukea kohdissa Mark. 5:9, 8:23, 9:21; Luuk. 18:41 ja Joh. 5:6, niin täytyy meidänkin.

Meidän ei tule ainoastaan kysellä kysymyksiä ihmisiltä, vaan meidän tulisi aina myös kysyä Jumalalta, mitä muuta meidän olisi tarpeellista tietää. Meidän tulee siis esimerkiksi pyytää Jumalaa näyttämään, mitä on tapahtumassa, mikä aiheutti ongelman, mitä hän haluaa meidän tekevän ja niin edelleen. Henki saattaa antaa meille jonkin kuvan tai sanan kerrottavaksi eteenpäin, ehdottaa jotakin toteamusta, joka meidän pitäisi sanoa, tai laittaa jonkin kysymyksen mieleemme.

Kun olemme kysyneet kaikki oleelliset kysymykset ja erottaneet Hengen asialistan, käännymme Pyhän Hengen puoleen, jotta hän ohjaisi meitä palvelemaan oikealla tavalla.

Hengen vaikutus

Kun Henki kehottaa meitä puhumaan tai toimimaan, meidän täytyy muistaa, että välitämme silloin Jumalan sanoja ja teemme hänen tekojaan. Meidät on kutsuttu puhumaan Jumalan arvovallalla, mutta me itse emme paranna sairaita tai aja ulos riivaajia. Me palvelemme kumppanuudessa Hengen kanssa, ja Jumala on se, joka tekee ihmeet. Meidän tehtävämme on ainoastaan tarjota uskomme, kätemme ja suumme hänen käyttöönsä.

Usko

Jotkut uskovat luulevat, että he tarvitsevat valtavia määriä uskoa voidakseen palvella. Jeesus kuitenkin sanoi, että tarvitsemme uskoa vain pikkuriikkisen määrän. Usko on kuin auton kytkin. Konepellin alla saattaa mylviä voimakas moottori, mutta auto ei liiku yhtään minnekään, ennen kuin ajaja painaa kytkimen pohjaan ja laittaa vaihteen silmään. Toisaalta taas kytkin ei yksinään voi saada autoa liikkumaan: se on vain tarpeellinen apu moottorille.

Kohdat Matt. 9:2, 22, 29 ja Mark. 6:1–6 osoittavat, että joskus sillä ihmisellä, jota palveltiin, oli uskoa. Tämä

Hengessä palveleminen

tarkoittaa, että kun me palvelemme, meidän tulisi olla valmiita rohkaisemaan ihmisiä uskomaan Jumalan voimaan ja hänen lupauksiinsa.

Lisäksi se tarkoittaa, että meidän tulisi olla vahvasti vakuuttuneita siitä, että Jumala voi tehdä kaiken tarpeellisen, ja että meidän tulisi olla sitoutuneita puhumaan hänen sanojaan silloin, kun hän kehottaa meitä niin tekemään. Tätä tutkitaan tarkemmin kirjassa *Elävä usko*.

Lahjat

Palveleminen Hengessä tarkoittaa yleensä sitä, että palvellaan Hengen lahjoilla. Onkin itse asiassa vaikea kuvitella mitään sellaista palvelemisen muotoa, johon 1. Korinttolaiskirjeen luvussa 12 esitellyt lahjat eivät liittyisi.

Kirjassa *Hengen tunteminen* opitaan, että Jumala antaa armolahjojaan jokaiselle uskovalle yhä uudestaan: niitä ei anneta ainoastaan kerran. Tämä tarkoittaa, ettei meille anneta hengellisiä lahjoja omaksi henkilökohtaiseksi pääomaksemme vaan että Henki pikemminkin antaa meille minkä tahansa tarvitsemamme lahjan milloin tahansa sitä tarvitsemme.

Jeesuksella oli ihmeellinen taito palvella ihmisiä Hengen lahjoilla. Jeesuksen palvelutyön yhteydessä voidaan itse asiassa havaita esimerkkejä kaikkien muiden Uudessa testamentissa esiteltyjen lahjojen käytöstä paitsi kielilläpuhumisesta ja kielten selittämisestä.

Jeesus käyttää esimerkiksi seuraavia lahjoja:

- uskon lahjaa – Mark. 11:20–25 ja Joh. 11:41–42
- ihmeiden tekemisen lahjaa – Mark. 6:30–52 ja Joh. 2:1–11
- parantamisen lahjaa – Matt. 4:23–25 ja Mark. 5:21–43
- viisauden sanojen lahjaa – Matt. 22:18; Luuk. 13:10–17 ja Joh. 7:53–8:4
- henkien erottamisen lahjaa – Matt. 16:17–23 ja Luuk. 13:10–17

Palveleminen Hengessä

- profetoimisen lahjaa – Joh. 2:19
- tiedon sanojen lahjaa – Joh. 1:47–50 ja Joh. 4:16–20.

Jos kerran Jeesuskin tarvitsi armolahjoja palvelemisensa avuksi, voimme varmasti odottaa saman koskevan myös meitä. Sen vuoksi meidän täytyykin pitää huoli siitä, että saamme jatkuvasti lisää taitoa ja kokemusta siinä, kuinka käyttää niitä tehokkaasti.

Yksinkertaisimmillaan Hengen lahjojen käyttäminen tarkoittaa sitä, että luotamme niihin ajatuksiin ja sanoihin, joita Henki meille antaa, sillä lahjat ovat ainoastaan tapoja, joilla Henki ilmaisee itsensä. Jesajan kirjan jakeissa 11:1–2 esitetään joitakin Hengen ominaispiirteitä, ja ne ovat hyvin samankaltaisia kuin Hengen lahjatkin. Lisäksi jakeet 11:3–5 osoittavat, että Hengen lahjoja käytetään hurskaisiin tekoihin ja profeetallisella arvovallalla.

Ensimmäisen Korinttolaiskirjeen luvussa 12 esiteltyjen lahjojen kautta Henki paljastaa joitakin jumalallisen tietämyksensä, kykynsä ja luontonsa puolia ja soveltaa niitä sitten suoraan sen ihmisen tilanteeseen, jota ollaan palvelemassa. Jakeissa 1. Kor. 12:8–10 määritellään yhdeksän lahjaa:

- viisauden sanat – Hengeltä tuleva kyky antaa tilanteeseen sopiva ilmoitus tai saada ymmärrys siitä, kuinka ratkaista jokin tilanne tai edesauttaa sen ratkeamista

- tiedon sanat – Hengen ilmoittamia tosiasioita jostakin henkilöstä tai tilanteesta

- parantamisen lahja – Hengen antama ymmärrys siitä, kuinka välittää Jumalan parantavaa voimaa jollekin tietylle ihmiselle, sekä hänen mahdolliseksi tekemänsä kyky tehokkaasti julistaa Jumalalta tulevaa parantumista tuolle henkilölle

- uskon lahja – yliluonnollinen purskahdus Hengen antamaa luottamusta siihen, että Jumala kykenee

Hengessä palveleminen

tekemään jotakin näennäisesti mahdotonta

◆ voima tehdä ihmeitä – Hengen vaikuttama ihmeellinen voima puuttua asioiden luonnolliseen kulkuun Jumalan palvelijan kautta

◆ profetoimisen lahja – Hengen ilmoittama sanoma jollekin henkilölle, ihmisryhmälle tai johonkin tilanteeseen

◆ kyky erottaa eri henget toisistaan – Hengen antama ymmärrys tunnistaa jonkin sanan tai henkilön taustalla vaikuttava henki ja jonka avulla kyetään erottelemaan jumalallinen kaikesta inhimillisestä ja demonisesta

◆ kielillä puhumisen lahja – Hengen vaikuttamia sanoja rukoilla jollakin itselle vieraalla kielellä

◆ kyky tulkita kieliä – Hengen paljastama ilmoitus kielillä rukoillun asian ydinolemuksesta.

Nämä Hengen lahjat ovat tärkeitä työkaluja, jotka todellakin auttavat meitä suuresti palvelutyössämme. Kun alamme käyttää niitä, teemme varmasti myös virheitä, mutta jos vain sitkeästi jatkamme niiden käyttämistä epäonnistumisista ja virheistä huolimatta, kykymme käyttää niitä kasvaa varmasti.

Palveleminen
Kun palvelemme, Henki johtaa kulkuamme omalla luovalla polullaan. Hän saattaa jopa kehottaa meitä tekemään jotakin epätavallista – Jeesuskin esimerkiksi teki syljestä tahnaa ja siveli sitä erään miehen silmiin, jotta ne paranivat. Tämä ei kuitenkaan tarkoita sitä, että meidän pitäisi tehdä asioita sellaisilla tavoilla, jotka ovat "toimineet" menneisyydessä, tai toisintaa aiempia toimintatapoja täsmällisesti – paitsi jos Henki nimenomaan ohjeistaa meitä tekemään niin.

Tämän kirjan myöhemmissä luvuissa tutustutaan joihinkin käytännöllisiin ehdotuksiin siitä, kuinka palvella eri osa-alueilla, mutta palvelemiseen liittyvä perusperiaate on aina sama: kuuntelemme Henkeä, koettelemme hänen sanansa,

Palveleminen Hengessä

turvaudumme häneen ja hänen lahjoihinsa ja teemme sitten ainoastaan sitä, mitä hän kehottaa meitä tekemään.

Opetuslapseus Hengen kanssa
Kohdissa Luuk. 17:15-19 ja Joh. 5:14 ja 9:35-38 havaitaan, että Jeesus jatkoi monien ihmisten palvelemista myös sen *jälkeen*, kun oli tavannut heidät ensimmäistä kertaa. Hän halusi tehdä ihmisistä opetuslapsia eikä ainoastaan täyttää palvelemiensa ihmisten tarpeita.

Ihmiset eivät aina saa kaikkea Jumalalta silloin, kun palvelemme heitä ensimmäistä kertaa. Meidän täytyy usein palata heidän luokseen useita kertoja, jotta voimme auttaa heitä vastaanottamaan sen, mitä Jumalalla on varattuna heitä varten. Kuten havaitaan tämän kirjan osassa 11, tämä pätee erityisesti sielunhoitoon liittyvissä asioissa, jotka usein saattavat jatkua hyvänkin aikaa.

Meidän täytyy tunnistaa, että Jumala on antanut meille erityisen vastuun niistä ihmisistä, joita palvelemme. Vain harvoin riittää, että vain laskemme kätemme jonkun henkilön päälle ja rukoilemme nopean rukouksen hänen puolestaan ennen kuin siirrymme sitten seuraavan henkilön luo. Henki on "kutsuttu vierelle", ja todellinen "palveleminen Hengessä" kuvastaa aina tuon ominaisuuden kaltaista sitoutumista ihmisiin. Emme koskaan saisi lakata ilmaisemasta tätä.

Vaikka meidän tulisikin aina rukoilla jokaisen palvelemamme ihmisen varjeluksen ja hengellisen kasvun puolesta, tarvitsemme kuitenkin myös Hengen johdatusta tietääksemme, kuinka tiiviisti meidän tulisi kunkin henkilön kanssa olla tekemisissä.

Tiedämme, että Henki on tullut vierellemme rohkaisemaan, opettamaan, lohduttamaan ja johdattamaan meitä. Kun palvelemme hänessä, ajaudumme kuin luonnostaan kulkemaan ihmisten vierellä ja palvelemaan ja rohkaisemaan heitä samankaltaisella sitoutuneella ja positiivisella tavalla.

Hengessä palveleminen

Yhteinen palvelutyö
Kumppanuuden periaate palveluksen työssä esiintyy läpi koko Raamatun. Voidaan esimerkiksi havaita, että Jeesus palveli apostolien kanssa, Jeesus lähetti apostolit palvelemaan pareittain, Jeesus lähetti 70 opetuslasta palvelemaan pareittain, Henkeä täynnä olevia "diakoneja" oli seitsemän hengen ryhmä, Paavali palveli aina yhdessä jonkun läheisen kumppanin ja pienen ryhmän kanssa ja jokaiseen Uuden testamentin seurakuntaan nimettiin ryhmä vanhimpia. Tätä käsitellään kirjan *Jumalan kirkkaus seurakunnassa* osissa 7 ja 8. Hengessä palvelemisen tulisi olla luonnollista seurausta henkilön omasta opetuslapseudesta, jota voidaan parhaiten toteuttaa juuri pienissä ryhmissä tai soluissa – kuten korostetaan kirjan *Jumalan kirkkaus seurakunnassa* osassa 11. Solunjohtajat kykenevät toimimaan esimerkkinä siitä, kuinka palvella Hengessä, ja he myös auttavat solulaisiaan ottamaan ensimmäiset askeleensa palvelemiseen ryhtymisessä. Tärkeä seikka on, että kaiken palvelemisen tulisi aina tapahtua kumppanuudessa sellaisten ihmisten kanssa, joilla on hyvä yhteys seurakunnan kanssa – sen ei tulisi olla itsenäistä toimintaa.

Tämä ei tietenkään tarkoita sitä, että meidän tulisi aina kieltäytyä palvelemasta, jos kukaan ei ole kanssamme. Apostolien teoissa on monia esimerkkejä uskovista, jotka Henki lähetti palvelemaan yksinään – katso esim. Ap. t. 8:26–40 ja 9:10–19.

Kuitenkin kun palvelemme yhdessä jonkun kumppanin kanssa, meidän on helpompi johdattaa palvelemamme ihmiset sitoutumaan tuon kumppanuuden kaltaisiin ihmissuhteisiin Kristuksen ruumiissa. Hengessä palvelemisemme tulisi rohkaista ihmisiä astumaan sisään yhteisölliseen elämään, joka heijastelee niitä ikuisia suhteita, jotka ovat olemassa kolmiyhteisessä Jumalassa ja jotka vahvistavat ja rakentavat seurakunnan synnynnäistä ja ristin aikaansaamaa yksyettä.

Osa 4

Parantamistoiminnan perusta

Yksi ilmeisimmistä tavoista, joilla Jeesus palveli yksittäisiä ihmisiä Uudessa testamentissa, oli heidän parantamisensa. Ennen kuin kuitenkaan tutkitaan sitä, miten Jeesus toimi parantaessaan ihmisiä, on tärkeää tehdä selväksi, että hänen parantamistoimintansa perustui vankasti Vanhaan testamenttiin. Parantamistoiminta liitetään usein vain Uuteen testamenttiin, mutta Vanhaa testamenttia tutkimalla voidaan oppia ymmärtämään, että parantaminen on osa Jumalan luontoa ja tarkoitusperiä. Esimerkiksi Luukkaan evankeliumin jakeissa 4:16–20 Jeesus esittelee itsensä israelilaisille sinä henkilönä, joka on lähetetty parantamaan, toteamalla olevansa Jesajan kirjan jakeiden 61:1–2 täyttymys.

Tämä tapa kuvata Poikaa muistuttaa hyvin paljon 2. Mooseksen kirjan jaetta 15:26, jossa Isä esittelee itsensä israelilaisille nimellä *Jahve Rapha*, "Herra, joka parantaa teidät". Isän ja Pojan koko palvelutyö perustuu läpi koko Raamatun näille kahdelle rinnakkaiselle jumalalliselle ilmoitukselle, joiden mukaan parantuminen on keskeinen osa Jumalan luontoa ja palvelutyötä.

Vanha testamentti maalaa Jumalasta kuvan sellaisena, joka on kiinnostunut kansansa hygieniasta ja ravitsemuksesta, joka haluaa eheyttää kansansa särkyneet sydämet, lohduttaa ja neuvoa kansaansa sekä parantaa heidän sairautensa. Tämä voidaan havaita esimerkiksi kohdista 2. Moos. 15:26; 3. Moos. 7:22–27, 11:1–15:33, 17:1–16; Ps. 34:18, 86:17 ja Jes. 61:1–2. Jeesuksen parantamistoiminta ei siis ollut jotakin uutta – se oli pikemminkin sen parantavan työn jatkumoa, jota Jumala jo Vanhassa testamentissa oli tehnyt.

Palveleminen Hengessä

Parantaminen Vanhassa testamentissa

Vanhassa testamentissa on enemmän aineistoa Jumalan halusta parantaa ja hänen parantavista töistään kuin mitä usein luullaan. Se sisältää useita aiheeseen liittyviä lupauksia.

Terveyteen ja parantumiseen liittyviä lupauksia

Vanhassa testamentissa luvataan:

- terveyttä, joka saadaan henkilökohtaisen tai kansallisen kuuliaisuuden tähden

- parantumista niiden luonnollisten tapahtumasarjojen kautta, jotka Jumala luomisessa asetti sisäisesti ihmisiin

- yliluonnollista ja suvereenia parantavaa väliintuloa

- parannuksen tekemisen seurauksena tapahtuvaa yliluonnollista parantumista

- esirukouksen seurauksena tapahtuvaa yliluonnollista parantumista.

Näitä lupauksia voidaan löytää esimerkiksi seuraavan kaltaisista kohdista: 2. Moos. 15:26; 5. Moos. 5:33, 7:15, 32:39; 2. Aik. 30:20; Ps. 23:1–2, 34:19–20, 38:3–10, 41:3, 69:29–30, 91:10–16, 103:1–4, 107:20, 116:8, 145:14, 146:8, 147:3; Sananl. 3:7–10, 4:20–23, 9:11, 16:24, 17:22; Saarn. 3:3; Jes. 19:22, 30:26, 32:3, 35:5, 40:27–31, 41:10, 53:4–6, 57:18–19, 58:8; Jer. 17:14, 30:17; Hes. 16:6, 47:1–12; Hoos. 6:1, 13:14 ja Mal. 4:2.

Edellisen luettelon perusteella on selvää, että parantumiseen viitataan useita kertoja jokaisessa kolmessa pääosiossa, joihin Vanha testamentti juutalaisuudessa jaetaan: laissa, profeetoissa ja kirjoituksissa. Tämä kuvastaa sitä, kuinka tärkeää Vanhassa testamentissa oli se, että Jumala on parantaja.

Hedelmällisyyteen liittyviä lupauksia

Kohdat 2. Moos. 23:25–26 ja 5. Moos. 7:12–15 ovat tärkeitä parantumiseen liittyviä raamatunkohtia. Niissä molemmissa luvataan hedelmällisyyttä erityisenä siunauksena ihmisten kuuliaisuudesta. Tätä siunauksen puolta käsitellään

Parantamistoiminnan perusta

myöhemmin, mutta tässä kohtaa on hyvä tiedostaa, kuinka tärkeä asia hedelmällisyys on Raamatussa.

Tämä havaitaan esimerkiksi kohdissa 1. Moos. 1:28, 9:1, 12:2, 17:16–20, 22:17, 24:35–36, 26:3–4,24, 28:3, 30:30, 32:12, 35:11, 46:3, 48:3, 48:15–16; 5. Moos. 7:12–14; Job 5:25 sekä Ps. 127:3–5 ja 128:3–4.

Pitkään elämään liittyviä lupauksia

Vaikka pitkä elämä onkin luonnollista seurausta terveydestä ja parantumisesta, Vanhassa testamentissa painotetaan, että Israelissa kansallinen ja henkilökohtainen pitkä elämä liittyvät – hedelmällisyyden tavoin – kuuliaisuuteen.

Tämä lupaus ilmenee esimerkiksi kohdissa 2. Moos. 20:12, 23:25–26; 3. Moos. 18:5; 5. Moos. 5:33, 6:2–3, 30:15–19 ja Job 5:26.

Parantumiseen liittyviä rukouksia ja todistuksia

Vanhassa testamentissa kerrotaan myös useita esimerkkejä siitä, kuinka ihmiset omistivat nämä lupaukset itselleen rukouksessa, sekä monia todistuksia siitä, kuinka näihin rukouksiin vastattiin, kuten havaitaan esimerkiksi kohdissa 1. Moos. 25:21, 30:6, 30:17, 30:22–23; 2. Moos. 1:7,9,20; 5. Moos. 1:10–11; 1. Sam. 1:10–2:11; 1. Kun. 4:20; Ps. 6:2, 30:2, 41:4, 107:20, 147:3 ja Jer. 17:14.

Parantumisesimerkkejä

Vanhassa testamentissa kerrotaan myös yhdeksästä parantumistapauksesta. Ne havainnollistavat sen parantamistoiminnan raamatullista perustusta, jonka Jeesus täytti ja jota hän toteutti omassa palvelutyössään ja jota myös me nykyihmiset saamme olla toteuttamassa.

1. Moos. 20:1–18
Abimelekin parantaminen on Raamatun ensimmäinen esimerkki parantamistoiminasta, ja sen pohjalta voidaan määritellä useita tärkeitä periaatteita.

Palveleminen Hengessä

Abraham, Jumalan palvelija, oli profeetta. Tästä alkaa profeetallisen toiminnan ja parantamisen välinen yhteys, joka esiintyy läpi koko Raamatun.

Jumala vastasi Abrahamin rukouksiin ja käytti häntä parantumisen välikappaleena, vaikka hän olikin tehnyt syntiä ja pettänyt Abimelekia.

Abimelek oli pakanakuningas. Tästä voidaan päätellä, että parantamistoimintaan sisältyy myös sellaista vuorovaikutusta, jossa osapuolina ovat Jumalan palvelijat ja toisaalta sellaiset ihmiset, jotka eivät palvele ja seuraa Jumalaa.

Jumala lähetti sairauden jonkinlaisena kirouksena tai rangaistuksena, mutta – profeetallisen esirukouksen tähden – Jumala kumosi päätöksensä. Parantuminen oli Abimelekin näkökulmasta merkki, joka puhui anteeksiannosta.

Kului varmasti useita kuukausia, ennen kuin Abimelek sai näkyviä todisteita parantumisestaan. Vaikka ihme tapahtuikin yhdessä hetkessä, Abimelekin kiitollisuus parantumisesta kehittyi todennäköisesti asteittain.

Lisäksi Abrahamin uskolla oli keskeinen rooli kyseisessä tapahtumassa.

4. Moos. 12:1–16
Mirjamin parantuminen spitaalista vahvistaa monet edellä mainituista seikoista. Parantumisen välikappaleena oli Mooses, profeetta, Jumala oli lähettänyt Mirjamin sairauden rangaistuksena jostakin, Mirjamin parantuminen oli merkki hänen saamastaan anteeksiannosta ja ihmettä ei paljastettu sen tapahtumahetkellä kenellekään.

Toisin kuin Abimelek, Mirjam oli yksi Jumalan palvelijoista, ja lisäksi hänelle annettiin jokin tehtävä, joka edisti hänen parantumistaan.

1. Kun. 13:1–24
Tämä kertomus osoittaa, että joskus parantumisen yhteydessä vaaditaan paastoa ja että Jumalan palvelijoiden täytyy aina ehdoitta totella Jumalan käskyjä.

Parantamistoiminnan perusta

Profeetan kuolema osoittaa, kuinka vakavasti Jumala suhtautuu käskyihinsä. Emme saa koskaan ajatella, että voisimme suhtautua Hengen kehotuksiin kevyesti.

1. Kun. 17:8-24

Lesken poika kuoli, ja hän syytti siitä Eliaa. Profeetta otti pojan ruumiin, kantoi sen tämän vuoteelle ja huusi sitten Jumalan puoleen esirukouksessa.

Elia ei ollut ennen kokenut samanlaista tilannetta, mutta se ei estänyt häntä rukoilemasta. Kukaan meistä ei koskaan palvelisi, jos päättäisimme palvella ainoastaan sellaisissa asioissa, joiden olisimme joskus aiemmin nähneet tapahtuneen kauttamme Jumalan työn seurauksena!

2. Kun. 4:8-37

Toisen Kuningasten kirjan jakeissa 2:9-15 kerrotaan, että Elisa peri kaksinkertaisen osan Elian profeetallisesta voitelusta (v. 1933 käännös). Sen vuoksi onkin valaisevaa havaita, että Elisan palvelutehtävään liittyi enemmän parantamista kuin kenenkään muun palvelutehtävään Vanhassa testamentissa – ja että suurin osa niistä ihmisistä, joita Elisa palveli, oli pakanoita. Tämä vahvistaa sen yhteyden olemassaolon, joka on Hengen voitelun, palvelemisen ja ulkopuolisten tavoittamisen välillä.

Kohdassa 2. Kun. 4:8-37 kerrotaan kahdesta eri tapahtumasta. Eräs nainen oli erittäin vieraanvarainen, minkä vuoksi Elisa tarjoutui puhumaan kuninkaalle hänen puolestaan. Kun nainen teki selväksi, ettei hän halunnut minkäänlaista aineellista palkkiota, Elisa ilmoitti, että tämä synnyttäisi pojan kahdentoista kuukauden kuluttua.

Tässäkin tapauksessa parantumisesta osattiin varmasti olla kiitollisia vasta jonkin aikaa tapahtumahetken jälkeen. Kyseisellä naisella ei ollut vielä useampaan kuukauteen todisteita raskaudestaan, ja lapsen sukupuolesta hän sai varmuuden vasta synnytyksen jälkeen. Raamatussa on yleensä jonkinlainen väli Jumalan sanan ja kyseisen sanan

Palveleminen Hengessä

toteutumisen välillä. Jumala kuitenkin usein kutsuu meitä elämään yhtä täynnä uskoa myös tuossa väliajassa, joka vallitsee hänen sanansa ja oman kokemuksemme välissä.

Nainen synnytti pojan, joka sitten myöhemmin kuoli. Naisen usko Elisaan säilyi kuitenkin vankkumattomana – Elisan ansiosta hän oli saanut pojan, joten Elisa voisi tuon pojan myös hänelle palauttaa. Elisa antoi Gehasille sauvansa, joka oli merkki hänen profeetallisesta arvovallastaan, ja lähetti tämän matkaan asettamaan sauvan ruumiin kasvoille. Kun mitään ei tapahtunut, profeetta tuli itse paikalle ja rukoili henkilökohtaisesti.

2. Kun. 5:1–27

Elisa lähetti palvelijansa Gehasin kertomaan Naamanille yksityiskohtaiset ohjeet siitä, mitä hänen täytyisi tehdä, jotta hän paranisi. Naamanin vihastuminen jakeessa 11 osoittaa, että hänen täytyi oppia, että parantuminen vaatii kuuliaisuutta, ei jotakin tiettyä tekniikkaa, ja että se tapahtuu aina jumalallisen väliintulon seurauksena, ei koskaan inhimillisen ponnistelun tuloksena.

Parantumisensa jälkeen Naaman ymmärsi, että ainoastaan Jahve oli todellinen Jumala, ja yritti saada Elisaa ottamaan antamansa lahjan vastaan. Elisa kieltäytyi. Elisa tiesi, ettei ihmispalvelijoiden koskaan tulisi ottaa kunniaa tai palkkiota mistään sellaisesta, minkä Jumala yksin oli tehnyt. Sen sijaan että olisi kiittänyt ihmistä, Naaman ylistikin Jumalaa. Hän ratsasti matkoihinsa parannettuna ja siunattuna. Hän oli Raamatun ensimmäinen esimerkki henkilöstä, joka parantumisen seurauksena kääntyi uskomaan Jumalaan.

Luukkaan evankeliumin jakeessa 4:27 Jeesus muisteli tätä tarinaa ja teki siitä koko oman palvelutyönsä ennakkotapauksen. Tämä havainnollistaa sitä, kuinka tärkeää Vanhan testamentin ymmärtäminen todellakin on, ennen kuin aletaan tutkia Jeesuksen palvelutyötä.

Parantamistoiminnan perusta

2. Kun. 13:20-21
Tähän tapaukseen ei vaikuta liittyvän minkäänlaista uskon harjoittamista tai rukousten uhraamista – ainoastaan pelkoa ja paniikkia. Varmaksi voidaan sanoa ainoastaan, että tämä tapaus osoittaa, ettei Jumala ole kesy tai ennalta-arvattava. Häntä ei voida kahlita joihinkin palvelemisen menettelytapoihin tai perinteisiin. Hän toimii miten, missä ja kenen tahansa kautta hän tahtoo.

2. Kun. 20:1-11
Jumala lähetti profeetta Jesajan ilmoittamaan kuninkaan lähestyvästä kuolemasta. Hiskia vetosi Jumalaan, ja Jumala kuuli hänen rukouksensa. Tämän jälkeen Jesaja lähetettiin takaisin ilmoittamaan kolme asiaa, joista yksi oli parantuminen.

Tässä tarinassa Jumalan palvelijalle annetaan tehtävä suoritettavaksi – ja vasta sen jälkeen kuningas paranee. Tässäkään tapauksessa parantumisesta ei luultavasti ollut mitään välittömiä todisteita, sillä kuningas pyysi merkkiä siitä, että hän selviäisi seuraavien kolmen päivän yli. Armossaan Jumala myös antoi tällaisen merkin voidellun palvelijansa kautta.

Perusperiaatteita
Vaikka nämä Vanhan testamentin tarinat korostavatkin ennen kaikkea Jumalan yksinvaltiutta ja voimaa, niistä voidaan havaita seuraavat kymmenen raamatullista parantamistoimintaa koskevaa perusperiaatetta.

- ◆ Parantamistoiminta kuului vain ja ainoastaan Jumalan palvelijoille, profeetoille – Jumala toimi kumppanuudessa *ainoastaan* niiden kanssa ja kautta, jotka hän oli Hengellään voidellut profeetoiksi.

- ◆ Sairaus, joka parannettiin, johtui toisinaan synnistä, jonka ihminen oli henkilökohtaisesti tehnyt.

- ◆ Joissakin tapauksissa joko Jumalan palvelijan tai sairaan henkilön täytyi suorittaa jokin tietty teko osana

Palveleminen Hengessä

parantumista.

◆ Profeetallinen Jumalan palvelija joko rukoili Jumalaa parantamaan tai ilmoitti tulevasta parantumisesta – joka saattoi tapahtua pisimillään jopa vasta vuoden kuluttua tuon ilmoituksen antamisesta.

◆ Profeetat eivät kulkeneet ympäriinsä tarjoamassa parantumista umpimähkään kelle tahansa. Sen sijaan he vastasivat ihmisten pyyntöihin sekä siihen kehotukseen, jonka Jumala Henkensä kautta heille antoi.

◆ Heidän palvelemansa ihmiset eivät välttämättä olleet juutalaisia – yli puolet heistä oli pakanoita, jotka eivät olleet osallisia liitosta.

◆ Parantamistilanteisiin liittyi tavallisesti jonkinlaista uskoa tai odottavaa mielialaa.

◆ Parantumisista monet eivät heti olleet ilmeisiä – usein voitiin havaita vasta viiveellä, että parantuminen oli tapahtunut.

◆ Parantumisista monet olivat merkkejä, joiden tarkoitus oli kääntää sairaan henkilön huomio johonkin tärkeämpään – usein anteeksiantoon.

◆ Joskus mikään edellä mainituista periaatteista ei pätenyt, vaan Jumala puuttui asioihin suvereenilla ja arvoituksellisella tavalla.

Osa 5

Sairaiden parantaminen Uudessa testamentissa

Jeesus oli alusta alkaen Jumalan Poika, mutta lähes kukaan ei osannut aavistaa hänen jumalisuuttaan tai profeetallista palveluvirkaansa ennen kuin hän kasteessaan oli saanut Hengen voitelun. Se oli hetki, jolloin Isä julkisesti voiteli Jeesuksen Hengellä lähettääkseen ja varustaakseen hänet suorittamaan messiaanista tehtäväänsä.

Luukkaan kertoman mukaan Jeesus lähti joelta täynnä Pyhää Henkeä, kulki Hengen johdattamana autiomaassa, selviytyi pahan kiusauksista ja sitten – täynnä Hengen voimaa – palasi kotikaupunkinsa synagogaan, jossa hän esitteli itsensä Jesajan kirjan jakeiden 61:1-2 täyttymyksenä. Luukkaan evankeliumin jakeesta 4:23 selviää, että Jeesus oli alkanut parantaa ihmisiä jo ennen paluutaan Nasaretiin, mutta siinä liitetään Jeesuksen Nasaretissa lausuma ilmoitus yhteen hänen joella tapahtuneen voitelunsa kanssa.

Luukkaan evankeliumin jakeissa 4:16-30 kerrotaan, kuinka Jeesus julisti, että koska hänet oli voideltu Hengellä, hän nyt paransi niitä, joilla oli särkynyt sydän, vapautti vangittuja ja antoi sokeille näkönsä. Näin Jeesus kuvasi sitä, mistä aidossa "Hengessä palvelemisessa" todella on kyse.

Synagogassa Jeesus ilmaisi olevansa profeetta ja yhdisti itsensä näin Vanhan testamentin profeettojen parantamistoimintaan. Hän julisti olevansa seuraava parantava profeetta, jonka palvelutyö, kuten Elian ja Elisankin palvelutyöt, kohdistui pääosin Jumalan valtakunnan ulkopuolella oleviin ihmisiin.

Palveleminen Hengessä

Jeesuksen parantamistoiminta

Evankeliumeissa kerrotaan noin kahdestakymmenestä tapauksesta, jossa Jeesus paransi jonkun tietyn ihmisen tai tietyt ihmiset. (Tämä luku ei sisällä niitä tilanteita, joissa Jeesus vapautti ihmisiä pahojen henkien otteesta – näitä tilanteita tutkitaan myöhemmin tässä kirjassa.) Nämä henkilöt olivat:

- kuninkaan virkamiehen poika Kapernaumissa – Joh. 4:43–54

- Jairoksen tytär – Matt. 9:18–26; Mark. 5:21–43 ja Luuk. 8:40–56

- verenvuodosta kärsivä nainen – Matt. 9:20–22; Mark. 5:25–34 ja Luuk. 8:43–48

- kaksi sokeaa miestä – Matt. 9:27–31

- halvaantunut mies, joka laskettiin alas katon läpi – Matt. 9:1–8; Mark. 2:2–12 ja Luuk. 5:17–26

- spitaalinen – Matt. 8:1–4; Mark. 1:40–45 ja Luuk. 5:12–14

- sadanpäällikön palvelija – Matt. 8:5–13 ja Luuk. 7:1–10

- Pietarin anoppi – Matt. 8:14–15; Mark. 1:29–31 ja Luuk. 4:38–39

- lesken poika Nainissa – Luuk. 7:11–17

- rampa mies Betesdan altaalla – Joh. 5:1–18

- sokeana syntynyt mies – Joh. 9:1–41

- mies, jonka käsi oli surkastunut – Matt. 12:9–14; Mark. 3:1–6 ja Luuk. 6:6–11

- nainen, jonka selkä oli pahasti köyryssä – Luuk. 13:10–17

- vesipöhöä sairastava mies – Luuk. 14:1–6

- kymmenen spitaalista – Luuk. 17:11–19

Sairaiden parantaminen Uudessa testamentissa

- kuuro ja mykkä mies – Mark. 7:31–37
- sokea mies Betsaidassa – Mark. 8:22–26
- Lasarus – Joh. 11:1–44
- sokeat miehet Jerikossa – Matt. 20:29–34 ja Luuk. 18:35–43
- ylipapin palvelija – Luuk. 22:47–51.

Evankeliumeissa ilmaistaan lisäksi kaksitoista yleistä toteamusta Jeesuksen parantamistoiminnasta kohdissa:

- Matt. 4:23–25 ja Luuk. 6:17–19
- Matt. 8:16–17; Mark. 1:32–34 ja Luuk. 4:40
- Matt. 11:4–5 ja Luuk. 7:21–22
- Matt. 9:35
- Matt. 12:15–16 ja Mark. 3:10–12
- Matt. 14:14; Luuk. 9:11 ja Joh. 6:2
- Matt. 14:34–36 ja Mark. 5:55–56
- Matt. 15:30–31
- Matt. 19:2
- Matt. 21:14
- Luuk. 5:15–16
- Luuk. 8:2.

Näistä raamatunkohdista voidaan päätellä joitakin sellaisia parantamistoiminnan periaatteita, jotka ovat olennaisia myös meille. Niissä kuvatuissa tilanteissa kerrotaan noin 30 ihmisestä, jotka parantuivat: 24 miehestä, 3 naisesta ja 3 lapsesta. On selvää, että moni muukin ihminen parani, mutta Henki on valinnut juuri nämä tapaukset erityisiksi esimerkeiksi, joiden avulla opettaa ja muuttaa meitä.

Palveleminen Hengessä

Ketä Jeesus paransi?
Vanhan testamentin profeetoista kerrotaan, että he välittivät Jumalan parantavaa voimaa usein korkea-arvoisille ihmisille. Evankeliumien mukaan Jeesus kuitenkin keskittyi tavallisiin ihmisiin: 19 tapauksessa hän palvelee ihmisiä, jotka ovat yhteiskunnan huono-osaisia, ja lopuissa 11 tapauksessa hän palvelee tavallisia ihmisiä, joita on kohdannut jokin hirvittävä kärsimys.

Mitä Jeesus paransi?
Raamatun esimerkeissä kerrotaan, että Jeesus paransi neliraajahalvauksen, alaraajojen halvauksen, irti leikatun korvan, surkastuneen käden, sokeita silmiä, spitaaliin sairastuneita kehoja, korkeita kuumeita, gynekologisen vaivan, kroonisen selkärangan kaareutumisen, vesipöhön, kuurouden ja kuoleman. Yleisissä toteamuksissa lisätään, että hän paransi myös epilepsiasta, että hän antoi rammoille kyvyn kävellä, mykille kyvyn puhua ja että hän teki raajarikoista terveitä. Matteuksen evankeliumin jakeet 4:23–24 ovat erityisen hyvä yhteenveto hänen palvelutyöstään.

Vaikuttaa siltä, ettei Jeesus keskittynyt palvelemaan sellaisia ihmisiä, joilla oli ainoastaan hitusen kiusallisia vaivoja tai sellaisia vaivoja, jotka sen ajan lääketiede olisi kyennyt parantamaan. Sen sijaan hän tuntui keskittyvän palvelemaan ihmisiä, joiden kärsimykset aiheuttivat heille eristyneisyyttä, yksinäisyyttä tai työttömyyttä tai joiden vaivat olivat jatkuneet jo hyvin pitkiä aikoja.

Missä Jeesus paransi?
Yleisissä toteamuksissa kerrotaan, että Jeesus paransi ihmisiä suurten ihmisjoukkojen edessä. Täytyy kuitenkin todeta, ettei Jeesus itse hakeutunut suuriin ihmisjoukkoihin, vaan ihmisjoukot hakeutuivat hänen luokseen. Ihmisjoukot menivät hankaliin paikkoihin erikoisina kellonaikoina, laskeutuivat jopa kattojen läpi taloihin, joissa ihmeitä tapahtui, tai kokoontuivat sinne, missä tiesivät Jeesuksen olevan.

Sairaiden parantaminen Uudessa testamentissa

Sen lisäksi, että Jeesus paransi ihmisiä tällaisissa epävirallisissa kokoontumisissa, hän myös meni ihmisten luo ja paransi heitä siellä, missä he olivat. Suurin osa parantumisihmeistä tapahtui hänen ollessaan jollakin matkalla. Neljä ihmistä parannettiin heidän omissa kodeissaan, yksi eräässä puutarhassa, toinen päivälliskutsuilla, yksi omissa hautajaisissaan, yksi omassa haudassaan, yksi eräässä kotikokouksessa, toinen taas vesialtaalla ja kaksi tavallisissa jumalanpalveluksissa synagogassa. Joskus Jeesus jopa paransi ihmisiä niin, että hän oli pitkän välimatkan päässä sairastuneesta.

Mikä aloitti sen, että Jeesus palveli jotakin tiettyä ihmistä?
Evankeliumien mukaan Jeesuksen parantamisihmeet lähtivät liikkeelle aina yhdellä kahdesta mahdollisesta tavasta. Hän toimi sen mallin mukaan, jonka jo Vanhan testamentin profeetat olivat asettaneet, ja antoi siten esimerkin, jota meidänkin olisi hyvä noudattaa. Jeesus paransi Uudessa testamentissa ainoastaan:

- ihmisten pyynnöstä – kun joku sanoi hänelle: "Paranna minut" tai "Paranna ystäväni/ palvelijani/ lapseni"

- jumalallisesta kehotuksesta – kun Pyhä Henki määräsi häntä menemään ja parantamaan jonkun henkilön.

Kahdessatoista tapauksessa tilanne alkoi sairaan henkilön itsensä tai hänen ystävänsä tai sukulaisensa hartaasta pyynnöstä. Lopuissa kahdeksassa esimerkissä Henki kehotti Jeesusta menemään autettavan henkilön luo ja julistamaan tälle parantumista. Evankeliumeissa ei tietenkään kerrota, että Jeesus olisi parantanut kaikki Israelin sairaat, mutta niissä tehdään selväksi, että:

- hän oli aina varma siitä, että Isän tahto oli parantaa

- hän paransi kaikki ne, jotka tulivat hänen luokseen pyytämään parantumista

- hän paransi ne, jotka Henki hänelle osoitti.

Palveleminen Hengessä

Kuinka Jeesus paransi?
Edellä havaittiin, että Vanhan testamentin profeetat joko rukoilivat parantumista tai ilmoittivat parantumisen olevan tulossa. Evankeliumeissa ei kuitenkaan kerrota, että Jeesus olisi rukoillut parantumista, vaan niistä käy ilmi, että hän todellakin teki vain sen, mitä ymmärsi Isän olevan tekemässä. Vaikuttaa siltä, että hänen toimintatapansa vaihtelivat lähes jokaisessa parantamisesimerkissä.

Jeesus suoritti parantamisensa ilman fanfaarien toitotusta. Kun Jeesus paransi ihmisiä, hän evankeliumien mukaan teki yleensä yhtä tai useampaa seuraavista:

◆ kosketti autettavaa ihmistä

◆ antoi suullisen määräyksen parantua

◆ ilmoitti parantumisen.

Muista poikkeava esimerkki on tarina naisesta, joka kosketti Jeesuksen vaatetta. Sen sijaan että Jeesus olisi koskettanut häntä, hän kosketti Jeesusta – ja Jeesus huomasi välittömästi, että hänestä oli lähtenyt voimaa. Vaikuttaa siltä, että voitelu parantaa oli niin voimakkaana Jeesuksen yllä, että naisen usko riitti siihen, että tuo voitelu vaikutti häneen. Hän kurottautui Jeesusta kohti, ja Jumala kunnioitti hänen uskoaan. Sama tapahtuu myös nykyään, kun kurottaudumme häntä kohti uskollisessa rukouksessa.

Mitä tapahtui sen jälkeen, kun Jeesus oli parantanut?
Jeesus antoi usein avuliaita neuvoja tai jonkin vahvistuksen sen *jälkeen*, kun hän oli parantanut jonkun henkilön. Tämä havaitaan esimerkiksi kohdissa Mark. 5:43 ja Joh. 9:35–41.

Johanneksen evankeliumin jae 4:53 on ainoa kohta, jossa kerrotaan, että sivustakatsojat tai sukulaiset kääntyivät uskomaan Jumalaan parantumisihmeen seurauksena. Kahdessa kohdassa kerrotaan, että tieto ihmeestä levisi, yhdessä, että ihmiset ihailivat Jeesusta ja kahdessa muussa, että ihmiset olivat hämmästyneitä. Joissakin tapauksissa ihmisten reaktio oli kuitenkin kielteinen: kahdessa kohdassa

Sairaiden parantaminen Uudessa testamentissa

kerrotaan vainosta, yhdessä kerrotaan syntyneestä väittelystä ja muutamissa kohdissa kerrotaan, että parantuminen synnytti suunnitelmia Jeesuksen tuhoamiseksi. Ylipapit päättivät surmata Jeesuksen sen jälkeen, kun hän oli herättänyt Lasaruksen kuolleista, ja he pidättivät hänet sen jälkeen, kun heidän palvelijalleen oli kasvanut uusi korva. Huomionarvoista on, että viidessä tapauksessa ei kerrota minkäänlaisesta reaktiosta siihen, että Jeesus oli parantanut jonkun.

Kaikki Jeesuksen parantamat ihmiset eivät lähteneet seuraamaan häntä tai uskoneet häneen. Pietarin anoppi palveli Jeesusta, kerjäläinen (Joh. 9) ylisti häntä, kuninkaan virkamiehen poika uskoi häneen, Bartimaios pelastui, mutta vain yksi spitaalinen palasi Kristuksen luo – muut yhdeksän pysyivät poissa.

Opetuslasten parantamistoiminta

Osana parantamistoimintaansa Jeesus opetti opetuslapsilleen, kuinka jatkaa hänen palvelutyötään hänen taivaaseenastumisensa jälkeen. Ensin hän piti huolen siitä, että he olivat hänen kanssaan silloin, kun hän paransi sairaita, ja sitten – kun he olivat kuukausien ajan seuranneet hänen toimintaansa – Jeesus valtuutti heidät omalla arvovallallaan, niin että he kykenivät parantamaan sairaita. Heille annettiin oikeus puhua Kristuksen omassa nimessä.

Luukkaan evankeliumin kohdassa 8:22–9:6 kerrotaan Jeesuksen kahdentoista apostolin ensimmäisestä lähetysmatkasta, johon liittyi parantamista. Kohdissa Matt. 10:1–16, Mark. 3:13–19 ja Luuk. 9:1–6 on kerrottu Jeesuksen yksityiskohtaiset ohjeet apostoleilleen, ja Matteus lisäksi ilmoittaa, kenen kanssa jokainen apostoli muodosti työparin. Lähetysmatkansa jälkeen apostolit palasivat Jeesuksen luo kertomaan kaikesta, mitä oli tapahtunut, ja Jeesus vetäytyi heidän kanssaan Betsaidaan, jotta heillä olisi aikaa rukoukselle, levolle ja tapahtumien arvioimiselle.

Hieman myöhemmin Jeesus laajensi parantamistoimintaansa valitsemalla 70 opetuslasta, jotka hän myös lähetti pa-

Palveleminen Hengessä

reittain määrätyille paikkakunnille. Myös heille hän antoi ohjeeksi parantaa sairaita ja saarnata hyvää sanomaa. Evankeliumeissa ei kerrota näiden matkojen mitään yksityiskohtia, mutta Luukkaan evankeliumin jakeista 9:40–41 voidaan päätellä, etteivät opetuslapset aina onnistuneet parantamaan sairaita.

Voidaan siis todeta, että Jeesus antoi ensin parantamistoiminnan mallin ja moninkertaisti työn sitten niin, että ainakin 80 opetuslasta oli mukana tekemässä sitä. Opetuslapset palvelivat pareittain Jeesuksen nimen arvovallalla. Ylösnousemuksensa jälkeen Jeesus kehotti heitä (kohdissa Ap. t. 1:4–5 ja Luuk. 24:49) pysymään Jerusalemissa, kunnes he saisivat profeettojen Pyhän Hengen voitelun itselleen.

Ennen Golgataa opetuslapset palvelivat kuten Gehasi oli yrittänyt palvella: heille delegoidulla profeetallisella arvovallalla. Helluntain jälkeen taas – saatuaan Hengen voitelun – he palvelivat samalla tavalla kuin Elisa ja Jeesus olivat palvelleet: osana Jumalan voideltua ja profeetallista parantamisyhteisöä.

Apostolien teoissa kerrotaan kahdeksan esimerkkiä parantumisista:

- ◆ rampa mies temppelin portilla – 3:1–10
- ◆ sokea Saul – 9:8–19
- ◆ halvaantunut Aineas – 9:32–35
- ◆ kuollut Tabita – 9:36–43
- ◆ rampa mies Lystrassa – 14:8–10
- ◆ vainottu Paavali – 14:19–20
- ◆ Eutykos – 20:7–12
- ◆ Publiuksen isä – 28:7–8.

Apostolien teoissa on lisäksi seitsemän yleistä toteamusta parantamistoiminnasta kohdissa 2:43, 5:12–16, 6:8, 8:4–8, 14:3, 19:11–12 ja 28:9. Kun näitä kohtia tutkitaan tarkasti, havaitaan, että Uuden testamentin opetuslapset noudattivat tarkasti sekä

Sairaiden parantaminen Uudessa testamentissa

Vanhan testamentin profeettojen että Kristuksen mallintamia yleisiä palvelutyön periaatteita.

Ketä opetuslapset palvelivat?

Opetuslasten palvelemat ihmiset olivat kerjäläisiä, yhteiskunnan hylkiöitä, evankeliumin vastustajia sekä ystäviä. Lisäksi he palvelivat Maltan ylimmän virkamiehen iäkästä sukulaista.

Mitä sairauksia opetuslapset paransivat?

Suurin osa opetuslasten palvelemista ihmisistä kärsi pitkään jatkuneista, vakavista, sosiaalisesti häiritsevistä ja taloudellisesti rampauttavista sairauksista ja vaivoista – kuten punataudista, kuolemasta, halvaantumisesta tai sokeudesta.

Missä opetuslapset palvelivat?

Apostolien teoissa kerrotaan, että opetuslapset paransivat ihmisiä matkalla rukouskokoukseen, yksityiskodissa, epävirallisen ulkoilmakokouksen aikana, pellolla väkivaltaisen vainon jälkeen ja seurakunnan ehtoolliskokouksessa.

Miten parantamistilanteet alkoivat?

Yleisten toteamusten perusteella voidaan päätellä, että Jeesuksen tavoin opetuslapsetkin palvelivat kaikkia niitä, jotka tulivat heidän luokseen pyytämään parantumista. Esimerkeissä on lisäksi seitsemän tapausta, jotka osoittavat, että uskovat olivat heti valmiita palvelemaan, kun he tunnistivat Pyhän Hengen kehotuksen.

Esimerkiksi kohdassa Ap. t. 3:6 ei voida tarkasti tietää, kuinka Pietari sai kehotuksen alkaa palvella, mutta jollakin tapaa Henki ilmoitti hänelle, että rampa mies pitäisi parantaa ja että juuri hänen pitäisi lausua parantumisen sanat. Pietari "tunsi" tai "kuuli" Hengen kehotuksen, tunnisti, että kyseessä oli juuri Pyhä Hengen puhe eikä hänen oma mielikuvituksensa tai paholaiselta tuleva harhautus, ja totteli Jumalan ääntä puhumalla ja toimimalla. Jumala teki ihmeen.

Palveleminen Hengessä

Kohdassa Ap. t. 9:10-19 Ananias sai kehotuksen näyn muodossa, mutta Jumala ei pakottanut häntä palvelemaan Saulia. Kun Ananias tunnisti, että hänen saamansa ajatukset olivat Jumalan puhetta, hänen täytyi kuitenkin valita, olisiko kuuliainen Jumalan äänelle vai ei. Jumala ei toiminut ilman palvelijaansa, ja Ananias ei kyennyt palvelemaan ilman Jumalaa. Tämä tärkeä kertomus osoittaa, että parantamistoiminta ei kuulu ainoastaan seurakunnan johtajille vaan myös tavallisille opetuslapsille.

Pietarin vierailu Aineaksen luona Apostolien tekojen jakeissa 9:32-35 vaikuttaisi olleen alun perin aivan tavallinen pastorin suorittama kyläily. Kuitenkin kun Pietari oli Aineaksen luona, hän tunsi, että Jumala aikoi parantaa tuon halvaantuneen miehen. Pietari oli helluntaina voideltu Hengellä, ja tässä hänen saamassaan "tuntemuksessa" tai kehotuksessa oli kyse siitä, että Jumala piti Aamoksen kirjan jakeiden 3:7-8 lupauksensa.

Samankaltainen malli on havaittavissa myös muissa Apostolien tekojen parantamistoiminnan esimerkeissä.

Kuinka opetuslapset paransivat?
Esimerkkien perusteella voidaan havaita, että opetuslapset lausuivat usein käskeviä sanoja, kun he palvelivat kumppanuudessa Jumalan kanssa hänen palvelutyössään. Esimerkiksi:

- Pietari käski: "Jeesuksen Kristuksen, Nasaretilaisen, nimessä: nouse ja kävele" – Ap. t. 3:6.

- Ananias ilmoitti: "Herra Jeesus lähetti minut, jotta saisit näkösi takaisin" – Ap. t. 9:17.

- Pietari julisti: "Jeesus Kristus parantaa sinut, Aineas! Nouse ja kokoa vuoteesi" – Ap. t. 9:34.

- Pietari määräsi: "Nouse" – Ap. t. 9:40.

- Paavali vaati: "Nouse seisomaan! Oikaise jalkasi" – Ap. t. 14:10.

Sairaiden parantaminen Uudessa testamentissa

Vain kohdassa Ap. t. 28:8 vaikuttaisi siltä, että opetuslapset ainoastaan koskivat sairasta ilman, että olisivat lausuneet käskyä tai ilmoitusta.

Kohtien Ap. t. 5:12 ja 19:11 yleiset toteamukset muistuttavat kertomusta naisesta, joka kosketti Jeesuksen vaatetta. Vaikuttaa siltä, että Jumala kunnioitti sitä uskoa, joka sai kyseiset ihmiset käyttäytymään tietyllä tavalla. Lisäksi saattaa olla, että voitelu parantaa oli noissa hetkissä niin voimakkaana Pietarin ja Paavalin yllä, että se oli aivan kuin käsin kosketeltavaa – aivan kuten Elisan luiden tapauksessa.

Mitä tapahtui parantamistilanteiden jälkeen?

Apostolien teoissa kerrotaan, että opetuslasten parantamistoiminta vaikutti osaltaan merkittävästi evankeliumin leviämiseen ja varhaiseen seurakuntakasvuun. Esimerkiksi:

- Ramman miehen parantamisen jälkeen Pietari ja Johannes pidätettiin ja vangittiin, ja he saivat nuhteet hallitsijoilta. Kuitenkin monista niistä tuli uskovia, jotka olivat kuulleet Pietarin selityksen tapahtuneesta ihmeestä.

- Ananiaksen palveluksen seurauksena Paavali aloitti erittäin tehokkaan palvelutyönsä.

- Kun Aineas parantui, "kaikki, jotka asuivat Lyddassa ja Saaronin tasangolla, näkivät hänet, ja he kääntyivät ja uskoivat Herraan".

- Kaikki Joppessa kuulivat, että Tabita oli herännyt kuolleista, "ja monet uskoivat nyt Herraan".

Kaikkien tapausten yhteydessä ei kuitenkaan kerrota erityisistä evankelioivista vaikutuksista. Lystrassa tapahtuneen ramman parantamisen seurauksena syntyi väärinymmärryksiä ja vainoa. Eutykoksen parantumisen seurauksena ihmiset olivat "iloissaan ja rohkealla mielin", mutta ei kerrota, että kukaan olisi pelastunut. Lisäksi monet pyysivät parantumista Publiuksen isän parantumisen jälkeen, mutta Apostolien

Palveleminen Hengessä

teoissa ei kuitenkaan kerrota, että olisi tapahtunut yhtään kääntymystä. Tästä voidaan päätellä, että parantaminen on muutakin kuin vain "evankelioimisen apukeino" – se on armon- ja rakkaudentäyteinen ilmentymä Jumalan laupeudesta.

Parantamistoiminnan asiayhteydet

Esitellessään itsensä Jesajan kirjan kohdan 61:1–2 täyttymyksenä Jeesus teki selväksi, että hän oli tullut palvelemaan köyhiä. Jakeessa Luuk 4:18 on tärkeä toteamus, jota voitaisiin pitää Jeesuksen "manifestina" tai "toiminta-ajatuksena". Siihen kiteytyy se tarkoitus, mikä oli sillä, että hänet oli voideltu Hengellä "ilmoittamaan köyhille hyvä sanoma". Lisäksi se esittelee viisi esimerkkiä siitä, mitä kyseinen toiminta tarkoittaa käytännön tasolla.

Kyseinen jae osoittaa, etteivät "parantaminen" tai "vapauttaminen" (jota käsitellään myöhemmin) ole erilaista toimintaa kuin "hyvän sanoman ilmoittaminen köyhille" vaan että ne sitä vastoin ovat toimintaa, jossa tuo ilmoittaminen tulee näkyväksi. Kyseinen jae myös antaa ymmärtää, että voitelussa tapahtuvan parantamis- tai vapauttamistoiminnan tulisi aina ilmetä tietyissä selkeissä asiayhteyksissä.

Huomio niissä, jotka kärsivät

Monet hengelliset johtajat ovat eri mieltä siitä, keitä nämä "köyhät" ovat, joiden tavoittamista varten Jeesus oli voideltu. Kreikan kielen sana *ptochos* tarkoittaa sanatarkasti "henkilöä, joka pelon tähden kyyristelee tai piileskelee". Joissakin raamatunkäännöksissä tätä sanatarkkaa merkitystä heijastellaan käyttämällä sanan "köyhät" tilalla sanaa "vaivatut". Meille nykyihmisille helpoin tapa ymmärtää kyseisen sanan merkitys olisi käyttää ilmausta "kärsivät" tai "kipuilevat" ihmiset.

Hengen voitelua ei siis anneta siksi, että kykenisimme tavoittamaan ennen kaikkea niitä, joilla on niukasti tavaraa tai rahaa. Sen sijaan voitelu annetaan, jotta kykenisimme auttamaan vaivattuja tai kärsiviä ja kipuilevia ihmisiä – niitä, joilla on särkynyt sydän, jotka ovat sokeita, vangittuja, sorrettuja ja niin edelleen.

Tämä auttaa meitä ymmärtämään, ettei "hyvän sanoman ilmoittaminen köyhille" tarkoita sitä, että sitä pitäisi tehdä ainoastaan jonkun tietyn ihmisryhmän tavoittamiseksi, aivan kuin evankeliumi olisi tarkoitettu ainoastaan yhteiskunnan kaikista huonompiosaisille henkilöille. Sen sijaan se tarkoittaa sitä, että pyrimme tavoittamaan niitä lukuisia ympärillämme olevia tavallisia ihmisiä, jotka ovat vaivattuja ja jotka kärsivät ja kipuilevat.

Huomio Jumalan valtakunnassa

Kirjan *Jumalan hallintavalta* osassa 1 opitaan, että Jeesus ilmoitti Jumalan valtakunnan saapumisesta ihmein ja merkein. Valtakunta on Jumalan taivaallinen hallintavalta, joka murtautuu maanpäälliseen todellisuuteen – siinä on kyse siitä, että "tulevan ajan" voimat tunkeutuvat "tämänhetkiseen pahaan aikaan". Jumalan valtakunta työntää syrjään saatanan valtakuntaa (Matt. 11:12). Jeesuksen ihmeet ja parantamisteot olivat selkeä todiste siitä, että Jumalan valtakunta oli tullut, kuten Matteuksen evankeliumin jae 12:28 osoittaa.

Myös Pietarin antama kuvaus Jeesuksen palvelutyöstä (Ap. t. 10:38) tekee tämän selväksi: "Te olette kuulleet Jeesuksesta, nasaretilaisesta, jonka Jumala voiteli Pyhällä Hengellä ja voimalla. Hän kulki ympäri maata, teki hyvää ja paransi kaikki jotka olivat joutuneet Paholaisen valtaan, sillä Jumala oli hänen kanssaan." Valtakunnan *sanoma* ja valtakunnan *ihmeet* ovat siis valtakunnan *ilmenemismuotoja*. Siksi myös Jeesuksen parantamistoiminta on yhteydessä valtakunnan tulemiseen. Parantumiset ovat "merkkejä" valtakunnan läsnäolosta, koska ne ovat "näytekappaleita" valtakunnan toiminnasta. Tästä näkökulmasta tarkasteltuna ne ovat "näyteikkuna" Jumalan valtakuntaan – Jumalan tapa ilmoittaa ja paljastaa valtakuntansa maailmalle.

Palveleminen Hengessä

Huomio evankelioimisessa

Luukkaan evankeliumin jae 4:18 osoittaa, että Jeesus oli voideltu Pyhällä Hengellä, jotta hän tavoittaisi kärsiviä ihmisiä ilmoittamalla heille hyvän sanoman, julistamalla heille evankeliumia. Tästä voidaan päätellä, että kärsivien ihmisten palvelemisen yhteydessä tulee aina myös saarnata evankeliumia heille.

Edellä havaittiin, että saadessaan Hengen voitelun Vanhan testamentin profeetat olivat täysin varustettuja parantamaan ihmisiä. He saivat voitelunsa kuitenkin ennen kaikkea siksi, että se innottaisi ja valtuuttaisi heidät välittämään ihmisille Herran sanaa ja kutsumaan heitä takaisin Jumalan luo.

Samalla tavoin Jeesuskin sai voitelunsa sitä päätarkoitusta varten, että hän puhuisi Jumalan sanoja – mikä kuitenkin sisälsi myös ihmisten parantamista ja vapauttamista. Samoin myös me saamme Hengen voitelun, joka ohjaa meitä palvelutyössämme ja josta saamme voimaa, juuri siksi, että voisimme tehdä Jeesusta paremmin tunnetuksi.

Jeesuksen parantamisihmeet todistivat Jumalan myötätunnosta ja voimasta, mutta ne myös vahvistivat hänen sanansa. Hänen tekonsa havainnollistivat hänen ilmoitustaan, joka oli, että Jumalan valtakunta oli tullut suuressa voimassa tavallisten ihmisten keskelle ja että se oli apposen avoinna aivan jokaiselle.

Jeesus lähetti kouluttamansa opetuslapset julistamaan Jumalan valtakuntaa *ja* parantamaan sairaat *ja* vapauttamaan ihmiset riivaajista. Nämä vastuutehtävät kuuluivat erottamattomasti yhteen. Opetuslapset kulkivat pareittain kylästä toiseen ja palvelivat kohtaamiaan ihmisiä – ilmoittamalla heille hyvän sanoman *ja* parantamalla sairaita *ja* vapauttamalla ihmisiä pahan otteesta.

Varhaiset kristityt eivät jaotelleet näitä kutsumuksia erilleen toisistaan. He saarnasivat ja he paransivat ja he ajoivat ulos riivaajia. Kun joku henkilö parani tai vapautui, hänelle annettiin aina suullinen selitys, joka käänsi huomion Jeesukseen.

Sairaiden parantaminen Uudessa testamentissa

Juuri tämä oli yksi tärkeimmistä syistä sille, miksi seurakunta kasvoi niin hämmästyttävällä tavalla.

Ajankohtainen elämäntyyli

Jeesus eli tavallisten kärsivien ihmisten keskellä tavalla, joka osoitti, että Jumala hyväksyi heidät ja rakasti heitä. Hänen parantamisihmeensä paitsi vahvistivat sen hyvän sanoman, jota hän opetti anteeksiannosta, ne olivat myös osoitus siitä jumalallisesta rakkaudesta, josta oltiin jo saatu viitteitä siinä, että hän eli heidän keskellään.

Hän kulki vaivattujen ihmisten keskellä saarnaten evankeliumia ja välittäen Jumalalta tulevaa parantumista. Hän ei tullut taivaasta kaikessa siinä loistossa ja sellaisten julkisten suosionosoitusten saattelemana, joihin hän Jumalana olisi ollut oikeutettu. Sen sijaan hän osoitti samaistumistaan ihmisiin elämällä tavallisena miehenä ja joutumalla kohtamaan samanlaisia haasteita kuin kaikki muutkin.

Jeesus eli tavalla, johon hänen aikansa kärsivät ihmiset pystyivät samaistumaan. Hän söi heidän ruokaansa, vieraili heidän kodeissaan, kuunteli heidän huoliaan ja oli aina heidän käytettävissään. Hän jopa ystävystyi sellaisten ihmisten kanssa, jotka tavallinen yhteiskunta oli hylännyt.

Voideltua parantamistoimintaa ei täysin voida irrottaa tästä "evankeliumin todeksi elämistä kärsivien ihmisten keskellä" -asiayhteydestä ilman, että sekä sanoma että palvelutyö vääristyisivät tavalla tai toisella. Tämä tarkoittaa, että aina kun palvelemme Hengessä, elämäntyylimme tulisi olla sellainen, että se edesauttaa evankeliumin julistamista. Meidän tulisi siis pitää huoli siitä, että huomiomme on vaivatuissa ja kärsivissä ihmisissä, että ymmärrämme heidän tarpeitaan ja että heidän on helppo tulla juuri meidän luoksemme.

On lisäksi syytä huomioida, että kohdissa Luuk. 9:1-6 ja 10:1-9 Jeesus ohjeisti opetuslapsiaan elämään niin, että he aina palvellessaan turvautuisivat kaikessa Jumalaan ja odottaisivat häneltä niin parantavaa voimaa *kuin myös* kaikkea aineellista huolenpitoa.

Palveleminen Hengessä

Uskovien parantuminen

Suurin osa Uudessa testamentissa kerrotuista parantamistoiminnan esimerkeistä liittyvät evankeliointitilanteisiin, mikä heijastuu esimerkiksi Markuksen evankeliumin jakeiden 16:14–18 kaltaisiin kohtiin. Uudessa testamentissa ei kuitenkaan sivuuteta kaikkia niitä parantumislupauksia, jotka Jumala antoi omalle kansalleen Vanhassa testamentissa.

Jaakobin kirjeen jakeet 5:13–16 ovat tärkeä raamatunkohta sellaisesta parantumisesta, johon liittyy myös papillinen puoli. Niissä uskovia rohkaistaan pyytämään Jumalalta omaa parantumistaan – uskomaan Jumalan lupauksiin ja vastaanottamaan tarvitsemansa parantuminen Herralta – ja lisäksi myös tarvittaessa kutsumaan luokseen seurakunnan vanhimmat rukoilemaan puolestaan.

Jae 5:13 opettaa, mikä on oikea tapa suhtautua kärsimyksiin: niiden tulisi saada *meidät* rukoilemaan, ei valittamaan saamastamme osasta. *Meidän* täytyy löytää oma tapamme turvata Jumalaan, ei turvautua toisten kokemuksiin tai todistuksiin Jumalasta.

Meidän ei kuitenkaan tarvitse jäädä oman onnemme nojaan, jos sairaus vain jatkuu. Jakeessa 5:14 todetaan, että meidän tulisi kutsua hengelliset johtajamme palvelemaan meitä.

Jae 5:15 opettaa, että rukous, joka uskossa lausutaan, parantaa sairaan. "Parantamisesta" käytettyä kreikan kielen sanaa *sozo* käytetään läpi koko Uuden testamentin sekä "parantamisesta" että "pelastamisesta". Tämä muistuttaa meitä siitä, että parantuminen on vain yksi osa Jumalan laajempaa pelastavaa työtä.

Jae 5:15 myös osoittaa, etteivät parantumista saa aikaan öljy, johtajien rukoukset eikä myöskään uskovan usko. Herra on se, joka nostaa jalkeille.

Samaisessa jakeessa viitataan myös siihen Vanhan testamentin periaatteeseen, että joissakin tapauksissa synti on sairauden aiheuttaja. Tällaisissa tapauksissa henkilön tulisi saada sielunhoitoa. Lisäksi johtajien tulisi pitää huoli siitä,

Sairaiden parantaminen Uudessa testamentissa

että kyseisiin sielunhoitotilanteisiin liittyy *keskinäistä* syntien tunnustamista. Tätä tarkastellaan myöhemmin tässä kirjassa.

Palveleminen Hengessä
On selvää, että meillä on paljon opittavaa parantamistoiminnasta sen pohjalta, mitä Uudessa testamentissa siitä kerrotaan. Ei kuitenkaan riitä, että ainoastaan kopioimme toiminnassamme uusitestamentillisia malleja, toimintatapoja ja asiayhteyksiä suoraviivaisella tavalla.

Meidän täytyy ennen kaikkea vastaanottaa Hengen voitelu – ilman sitä olemme aivan yhtä hengettömiä ja kyvyttömiä kuin Gehasi. Jos Pyhä Henki ei johdata ja valtuuta kaikkea palvelemistamme, olemme väistämättä matkalla kohti pettymyksiä ja tehottomuutta.

Osa 6

Sairaiden parantaminen nykyään

Edellä havaittiin, että Vanhassa testamentissa vain harvat ja valitut – ne, jotka olivat saaneet Pyhän Hengen voitelun, siis profeetat – olivat oikeutettuja harjoittamaan parantamistoimintaa. Kuitenkin siitä lähtien, kun Jeesus helluntaina kastoi seurakunnan Pyhän Hengen kasteella, ovat kaikki uskovat voineet palvella yhdessä Jumalan kanssa hänen parantamistoiminnassaan. Ainoa vaatimus on, on että olemme saaneet Jeesukselta Pyhän Hengen voitelun.

Matteuksen evankeliumin jakeiden 28:18–20 lähetyskäsky tarkoittaa, että aikojen loppuun asti *kaikki* uskovat jokaisessa kansassa tulisi opettaa noudattamaan *kaikkia* niitä ohjeita, jotka Kristus antoi alkuperäisille 12 apostolilleen. Tähän väistämättä sisältyy myös käsky parantaa sairaita.

On selvää, että jotkut uskovat ovat tiiviimmin tekemisissä parantamisen kanssa kuin toiset ja muutamat saavat jopa erityisen parantamisen "lahjan". Jokainen Jumalan profeetallisen kansan jäsen voi kuitenkin välittää muille Jumalan parantavaa voimaa. Meidän tulisikin siis välttää sellaisia tyylejä ja tapoja toteuttaa jumalanpalveluksia ja erilaisia palvelutöitä, jotka välittävät sellaisen kuvan, että vain jotkut harvat ja erityiset ihmiset voisivat parantaa sairaita.

Roomalaiskirjeen jakeessa 12:6 todetaan, että meidän tulisi käyttää profetoimisen lahjaa sen mukaan kuin meillä on uskoa. Tästä voidaan päätellä, että tuo lahja voi olla kehittynyt enemmän tai vähemmän vahvaksi eri ihmisten kohdalla tai jopa saman ihmisen kohdalla eri aikoina. Tämä vaikuttaisi olevan myös syy sille, miksi Timoteusta muistutettiin siitä, ettei hänen tulisi lyödä laimin sitä armolahjaa, joka hänellä oli, vaan puhaltaa se täyteen liekkiin (1. Tim. 4:14 ja 2. Tim. 1:6).

Palveleminen Hengessä

Jos kerran Timoteuskin saattoi antaa armolahjansa heikentyä (ehkäpä liian satunnaisen käytön seurauksena), niin sama koskee varmasti myös meitä ja suhdettamme parantamiseen. Ja jos kerran Timoteuskin kykeni vahvistamaan lahjaansa sitä käyttämällä, samoin tulisi myös meidän vahvistaa ja kehittää kaikkia niitä hengellisiä ja käytännöllisiä taitoja, joita tarvitsemme voidaksemme palvella tehokkaasti.

Meidän täytyy saada ennen kaikkea kokemusta ja taitoa hengellisten lahjojen käytössä, sillä niillä on tärkeä osa siinä, jos haluamme palvella kristillisessä parantamistoiminnassa yhdessä Jumalan kanssa. Meidän täytyy paitsi tietää, että Isä on parantava Jumala, että Poika on se, joka parantaa, ja että Henki meissä ja meidän kanssamme vaikuttaa parantamistilanteissa, myös ymmärtää, "miten" meidän kuuluu parantaa.

Jumalan kehotus palvella

Edellä on havaittu, että kaikki Hengessä palveleminen on riippuvaista siitä, että tunnistamme Hengen kehotukset ja johdatuksen. Vaikka tietäisimme kaikki raamatulliset periaatteet ja lupaukset, emme kykene palvelemaan tehokkaasti, jos emme ole ymmärtäneet, kuinka Jumala puhuu kanssamme Henkensä kautta.

Edellä myös havaittiin, että Vanhan testamentin profeettojen innoitus puhua ja palvella tuli Jumalan Sanasta, Herran antamasta taakasta ja Jumalan Hengestä. Onkin siis odotettavissa, että meitäkin johdatetaan samankaltaisilla tavoilla.

Jumala usein puhuu meille hiljaisella äänellä pidemmän ajanjakson ajan valmistaessaan meitä palvelemaan kanssaan. Hän kuitenkin puhuu meille myös silloin, kun haluaa meidän palvelevan jossakin tilanteessa. Tällainen puhe on yleensä "tiedon sanoja", jotka ovat myös yksi hengellinen lahja.

Edellä havaittiin, että Jeesus ja apostolit "tunsivat", kun Jumala halusi heidän palvelevan jotakin tiettyä henkilöä, ja – Hengen avustuksella – he tunnistivat tuon henkilön väkijoukosta. Jeesus esimerkiksi palveli vain yhtä ainoaa

Sairaiden parantaminen nykyään

miestä Betesdan altaalla, ja Pietari tiesi, että Jumala halusi hänen palvelevan juuri yhtä tiettyä rampaa miestä Temppelin portilla.

Samoin me voimme nykyäänkin tulla hengessämme tietoisiksi siitä, että Jumala on parantamassa tai aikoo parantaa joitakin ihmisiä. Saatamme esimerkiksi saada "tuntemuksen" jostakin piirteestä, joka kuvaa sitä henkilöä tai tilaa, jonka Jumala aikoo parantaa.

Joskus ihmiset saavat parantamistilanteissa mieleensä selkeän kuvan siitä ihmisestä, jota Jumala on parantamassa, tai toisinaan he saattavat "kokea" kipua, lämpöä tai jonkinlaisen muun tuntemuksen siinä kohdassa omaa kehoaan, jota Jumala on toisessa ihmisessä parantamassa. Nämä ovat joitakin niistä tavoista, joilla Henki pyrkii osoittamaan, että Jumala on parantamassa jotakin tiettyä tilaa.

Kuinka tunnistaa, milloin Jumala tahtoo meidän palvelevan?

Jumalan tahdon tunteminen voi olla yksi kristillisen elämän vaikeimmista asioista, mutta millä tahansa tavalla Jumalaa sitten palvellaankaan, samat opetuslapseuden ja Jumalan kuuntelemisen perusperiaatteet pätevät aina – myös siis siinä, kun palvelemme Hengessä. On aivan yhtä tärkeää kuunnella Henkeä, kulkea hänen johdatuksessaan ja toimia hänen antamillaan kyvyillä silloin, kun tarjoilemme jollekin henkilölle ateriaa kuin silloin, kun ajamme ulos riivaajia. Missä tahansa sitten palvelemmekin, meidän täytyy aina kulkea hänen johdatuksessaan.

Tarkkojen kysymysten kysyminen Jumalalta on luultavasti paras tapa oppia tunnistamaan hänen äänensä. Meidän täytyy ensin kysyä Jumalalta, mitä meidän tulisi tehdä ja mitä sanoa, ja sen jälkeen "siivilöidä" tai koetella mieleemme tulevat ajatukset, niin että saamme eroteltua kaiken inhimillisen kuonan niistä osasista, jotka ovat puhtaasti jumalallisia. Lopuksi meidän täytyy vielä laittaa koetuksen läpäissyt aines käytäntöön. Tätä aihepiiriä käsitellään tarkemmin kirjassa *Jumalan tunteminen*.

Palveleminen Hengessä

Kuinka alkaa välittää Jumalan parantavaa voimaa?
Seuraavat ehdotukset – kuten myös kirjan myöhemmissä luvuissa muiden palvelemistoimintamuotojen yhteydessä annetut samankaltaiset ehdotukset – eivät ole orjallisesti noudatettaviksi tarkoitettuja raamatullisia sääntöjä, vaan ne ovat pikemminkin yleisiä suuntaviivoja. Meidän tulisi aina pyytää Henkeä tulkitsemaan ja soveltamaan niitä jokaisessa tilanteessa erikseen.

Rukous
Yksi merkittävimmistä syistä palvelemisen tehottomuudelle on riittävän valmistavan rukouksen puute. Rukoukseen olisi hyvä varata vähintään yhtä paljon aikaa kuin mitä ajattelemme käyttävämme itse palvelemistilanteeseen. Tuon rukouksen tulisi sisältää sekä rukousta sen puolesta, että saisimme rohkeutta (kuten kohdassa Ap. t. 4:29–30), että hiljaista aikaa, jossa kuuntelemme ja odotamme Jumalan kehotusta siitä, kuinka hän haluaa meidän palvelevan (kuten kohdassa Ap. t. 9:40).

Kumppanuus
Edellä on havaittu, kuinka kumppanuuden käsite kulkee läpi koko Raamatun. Tästä voidaan päätellä, että meidän tulisi parantamistoiminnassakin palvella tavallisesti joko pareittain tai pienessä tiimissä. Opetuslapsetkin oppivat olemalla Jeesuksen kanssa, kun hän paransi ihmisiä, joten meidänkin valmistautumisemme ja oppimisemme kannalta on hyvä, jos lyöttäydymme jonkun sellaisen uskovan seuraan, jolla on meitä enemmän kokemusta parantamisesta. Kirjassa *Jumalan kirkkaus seurakunnassa* havaitaan, kuinka solujärjestelmä voi vahvistaa opetuslapseusprosessia seurakunnan elämässä. Sama koskee myös palvelemista Hengessä. Solu on hyvä paikka opetella palvelemista. Solun pieni ryhmä voi tarjota sekä esimerkin että tuen, jota tarvitaan, kun ollaan astumassa tähän uuteen ulottuvuuteen Pyhän Hengen kanssa.

Sairaiden parantaminen nykyään

Kannattaa välttää sitä, että useampi kuin kolme ihmistä palvelisi kerrallaan yhtä henkilöä, sillä se voi olla hämmentävää ja tehotonta, kuten vaikuttaisi käyneen kohdassa Matt. 17:16. Toiset uskovat, jotka myös olisivat innokkaita olemaan mukana palvelemassa, voivat istua hiljaa ja huomaamattomasti paikallaan, mutta silti sisäisesti rukoilla palavasti valtuutusta ja johdatusta niille, jotka ovat palvelemassa.

Kärsivällisyys
Toisen Korinttolaiskirjeen jakeet 6:3-4 osoittavat, että Jumalan palvelijat tarvitsevat paljon kärsivällisyyttä, etteivät viivästymiset, ongelmat tai hankalat ihmiset uuvuttaisi heitä täysin.

Raamatussa käytetään eri kreikan kielen sanoja, kun puhutaan "kärsivällisyydestä ihmisiä kohtaan" (*makrothumia*) tai toisaalta "kärsivällisyydestä olosuhteita kohtaan" (*hupomone*). Näin niistä myös opetetaan eri asioita. Vanhemmissa englanninkielisissä raamatunkäännöksissä on heijasteltu tätä eroa kääntämällä sana *makrothumia* sanalla "pitkämielinen".

Meidän ei tarvitse rukoilla saavamme *makrothumiaa*, sillä meillä on jo sisäisesti Jeesuksen kärsivällisyys ihmisiä kohtaan. Tästä todistavat kohdat Gal. 3:27 ja Kol. 3:12. Galatalaiskirjeen jakeessa 5:22 ilmaistaan, että tämänkaltainen kärsivällisyys kehittyy meissä luonnostaan, koska se on yksi osa sitä työtä, jota Henki meidän elämässämme tekee.

Raamattu antaa kuitenkin ymmärtää, että meidän tulisi anoa *hupomonea* tai "kestävyyttä" – joka jakeen 2. Kor. 12:12 (v. 1938 käännös) mukaan on myös apostolin tunnusmerkki. Jaakobin kirjeen jakeet 1:2-4 osoittavat, että Jumala kasvattaa meissä *hupomonea* koetusten, koulimisen ja kärsimysten kautta. Tarvitsemme *hupomonea*, jotta lakkaisimme antamasta olosuhteiden sanella sitä, kuinka vastaamme Jumalan kutsuun palvella, ja jotta kykenisimme pysymään kestävinä lannistumisten edessä.

Palveleminen Hengessä

Vaatimattomuus

Jotkut uskovat ovat vääristä syistä kiinnostuneita parantamistoimintaan osallistumisesta. Jeesus toimi myötätunnosta ja kuuliaisuudesta, ja meidänkin tulisi pyrkiä heijastamaan Pyhän Hengen nöyrää ja vaatimatonta nimettömyyttä. Tavoitteemme tulisi olla kääntää kaikki huomio Jumalaan, eikä itse paistatella minkäänlaisessa kunniassa.

Yksikään ihminen ei koskaan voi parantaa toista ihmistä. Voimme parhaimmillammekin vain olla "voittoa tavoittelemattomia" palvelijoita, joille Jumala etukäteen kertoo tulevasta ihmeestä.

Kysymykset

Edellä todettiin, että Raamatussa parantamistilanteet käynnistyivät aina joko sillä, että joku pyysi "Voisitko parantaa minut?" tai sillä, että Jumala määräsi: "Julista minun parantavaa voimaani tuolle henkilölle". Uuden testamentin parantumisihmetapaukset jakautuvat tässä mielessä tasan: puolet niistä tapahtui jumalallisen kehotuksen ja puolet inhimillisen pyynnön seurauksena.

Palvellessamme meidän täytyy kuunnella sekä Jumalaa että sitä ihmistä, jota pyrimme auttamaan. Jotta tämä onnistuisi, meidän tulee viettää hiljaisia ja yksityisiä hetkiä. Evankeliumeissakin kerrotaan toistuvasti, kuinka Jeesus hiljensi kaiken melun tai siirtyi johonkin yksityiseen paikkaan, ennen kuin alkoi palvella ihmisiä.

Jeesus ei toiminut ainoastaan yliluonnollisella tasolla, vaan hän myös tarkkaili ja päätteli asioita luonnollisella tasolla. Kohdissa Mark. 5:9, 8:22–26, 9:14–29; Luuk. 18:40–43 ja Joh. 5:6 kerrotaan viidestä itsestäänselvästä kysymyksestä, jotka hän kysyi. Meidänkin täytyy usein kysyä näitä samoja kysymyksiä.

◆ "Mikä on nimesi?"

> Vaikka Jeesus kysyikin tämän kysymyksen riivaajalta, meille se on luonnollinen kysymys kysyttäväksi sellaiselta ihmiseltä, jota emme entuudestaan tunne.

Sairaiden parantaminen nykyään

- "Mitä haluat minun tekevän?"

    Tämä kysymys auttaa ihmistä muodostamaan mielessään selkeän kuvan siitä, mitä hän haluaa tapahtuvan.

- "Haluatko tulla kuntoon?"

    On hyvä varmistaa, onko ihminen todella vakavissaan ja tietoinen parantumisen seurauksista, ettei parantuminen ole ainoastaan jotain sellaista, mitä yritämme "väkisin pakottaa" kyseisen henkilön vastaanottamaan.

- "Kuinka kauan tämä on jatkunut?"

    Joskus on tarpeen selvittää ongelman olosuhteet ja taustatiedot sairauden syyn selvittämiseksi.

- "Kykenetkö näkemään?"

    Meidän tulisi aina selvittää, mitä parantamistilanteen aikana tapahtui.

Meidän tulisi paitsi kysellä asioita siltä henkilöltä, jota olemme palvelemassa, myös kysyä Jumalalta, onko vielä jotain sellaista, mitä meidän olisi tarpeellista tietää. Saatamme saada "tuntemuksena" jonkun kuvan tai sanan välitettäväksi eteenpäin. Toisaalta saatamme tulla "tietoisiksi" jostakin kysymyksestä tai ei-fyysisestä syystä. Jos taas Jumala ei kerro meille mitään, palvelemamme henkilö on jo kertonut kaiken, mitä meidän on tarpeellista tietää.

Abimelekin, Mirjamin, Malkoksen, Betesdan altaalla olleen miehen ja sen miehen, joka laskettiin katon läpi – heidän kaikkien ruumiintilansa vaikuttaisivat olleen seurausta jostakin synnistä. Jotkut nykyajan hengelliset johtajat vaatisivat heiltä parannuksen tekemistä ja puhdistautumista synnistä, ennen kuin antaisivat heille minkäänlaista toivoa parantumisesta, mutta Raamattu ei anna tällaista mallia.

Joissakin tapauksissa, kuten Jaakobin kirjeen jakeessa 5:16, synnin tunnustamisen ja papillisen parantumisen välillä on

Palveleminen Hengessä

jonkinlainen yhteys, mutta tällaista yhteyttä ei kuitenkaan ole aina.

Toiset johtajat taas opettavat, että jokaisen sairauden taustalla on jokin riivaaja, joka täytyy ajaa ulos, ennen kuin parantuminen voi alkaa. Kuten myöhemmin kuitenkin havaitaan, Raamatussa tehdään ero riivaajista vapautumisen ja ruumiin parantumisen välillä. Tämä erottelu täytyy jatkuvasti pitää selkeänä mielessä.

Parantamistoiminta
Edellä tutkittiin niitä eri tapoja, joilla Jeesus ja opetuslapset paransivat ihmisiä, ja mekin teemme hyvin, jos noudatamme heidän esimerkkiään. Meidän tulisi kuitenkin pitää mielessä myös seuraavat kolme raamatullista yleisperiaatetta:

- "Käsien laskeminen" jonkun henkilön pään päälle liittyy pikemminkin tämän henkilön siunaamiseen kuin hänen parantamiseensa – tätä käsitellään osassa 10.

- Rukous edeltää palvelemista: käskevät tai ilmoittavat sanat taas kuuluvat itse parantamistilanteisiin.

- Jumala saattaa kehottaa meitä ehdottamaan jotakin toimintaa, joka palveltavan henkilön tulisi tehdä.

Seuraavat ehdotukset on tarkoitettu sellaisille uskoville, joilla ei ole aiempaa kokemusta parantamistoiminnasta. Niitä voidaan vapaasti soveltaa, kun Pyhä Henki alkaa johdattaa toimimaan omalla tavallaan.

- Osoita Kristuksen rakkautta joka hetki: hymyile ja ota rennosti, sillä Jumala on se, joka parantaa.

- Tunnustakaa jonkun kumppanin kanssa hiljaisesti synnit toisillenne ja pyytäkää anteeksiantoa.

- Pyydä Pyhää Henkeä johdattamaan sinua ja antamaan sinulle rohkeutta ja voimaa. Etsi häneltä apua siihen, kuinka rukoilla – pyri erottamaan, tulisiko sinun rukoilla anova rukous, sopimusrukous vai joku muu rukous vai pitäisikö sinun lausua käskeviä, julistavia tai nuhtelevia

Sairaiden parantaminen nykyään

sanoja.

◆ Pidä silmäsi auki: saat usein hyödyllistä tietoa tarkkailemalla palvelemasi henkilön reaktioita.

◆ Kuuntele Jumalaa ja puhu se, mitä hän laittaa mieleesi. Jatka myös uusien kysymysten kyselemistä häneltä ja hänen vastaustensa kuuntelemista.

◆ Kysy Jumalalta, pitäisikö sinun koskettaa henkilöä, jota olet palvelemassa. Jos koet kehotusta siihen, laske kätesi hellästi vaatteen peittämälle alueelle mahdollisimman lähelle sitä kohtaa, jossa kipu on. Kysy aina lupaa, ennen kuin kosketat ketään.

◆ Kysy kysymyksiä kuten: "Mitä on tapahtumassa?" ja "Tunnetko mitään?" Varmistu siitä, että palvelemasi henkilö kertoo sinulle, mitä hänelle on tapahtumassa.

◆ Tarkkaile kehollisia reaktioita: ne saattavat olla merkki siitä, että Jumala tekee työtään, mutta ne ovat vain kehon luonnollinen tapa reagoida Jumalan toimintaan.

◆ Jos jokin kehollinen reaktio tapahtuu, auta henkilö mukavaan asentoon, mutta jatka palvelemista.

◆ Rohkaise palvelemaasi henkilöä ja auta häntä rentoutumaan. Muistuta häntä Jumalan läsnäolosta, voimasta ja lupauksista.

◆ Pysy tilanteessa jatkuvassa yhteydessä palvelemasi henkilön, kumppanisi ja Jumalan kanssa.

◆ Jos olet epävarma siitä, mitä tehdä seuraavaksi, saattaa olla hyödyllistä rukoilla kielillä. Selitä palvelemallesi henkilölle, mitä kielillärukoilu on.

◆ Lopeta toiminta, kun henkilö paranee, kun Pyhä Henki käskee sinun lopettaa, kun et enää keksi, mitä muuta voisit tehdä, kun palvelemasi henkilö pyytää sinua lopettamaan tai kun joku tilanteessa olevista henkilöistä alkaa vaikuttaa väsyneeltä.

Palveleminen Hengessä

- Jos palvelemasi henkilö uskoo parantuneensa tai kokee, että hänen kehossaan on tapahtunut jotakin, pyydä häntä varmistumaan asiasta saman tien, jos se on mahdollista. Voit esimerkiksi pyytää häntä tekemään jotakin, mitä hän ei ennen parantumistaan kyennyt tekemään.

- Jos henkilö ei ole täysin parantunut, sovi hänen kanssaan uusi tapaaminen johonkin lähitulevaisuuteen, niin että ehdit ennen sitä valmistautua ja rukoilla lisää.

Jälkihoito

Edellä havaittiin, että Jeesus antoi ihmisille usein jonkun Isänsä neuvon tai ohjeen sen jälkeen, kun oli parantanut heidät. Mekin voimme noudattaa hänen esimerkkiään ja antaa palvelemallemme henkilölle minkä tahansa käytännöllisen neuvon, jonka Henki kehottaa meitä antamaan. Hän saattaa esimerkiksi pyytää meitä tekemään jotakin seuraavista:

- Henkilöä voidaan rohkaista uhraamaan kiitosta ja ylistystä.

- Jos henkilölle on määrätty joitakin lääkkeitä tai jos hän saa jotakin erityistä lääketieteellistä hoitoa, häntä tulisi kehottaa hakeutumaan lääkärin vastaanotolle.

- Henkilöä voidaan ohjata ottamaan seuraava kristillisen sitoutumisen askel – olipa se sitten parannuksen tekeminen, kaste, Hengen vastaanottaminen tai seurakuntaan liittyminen.

- Jos sairaus oli synnistä johtuvaa tai jos tilanteeseen liittyi jokin demoninen piirre, se tulisi tunnistaa ja hylätä.

- Joskus palvelemista on syytä jatkaa vielä uudestaan toisella kertaa. Selitä tämä ja tee tarvittavat järjestelyt.

- Rukoile, että henkilö jatkossakin pysyisi terveenä,

Sairaiden parantaminen nykyään

turvassa ja suojassa. Vihollinen on voitettu, mutta hän iskee aivan varmasti uudestaan.

Parantamistoiminta silloin, kun henkilö ei parane

Edellä havaittiin, että Jeesus paransi kaikki ne, jotka pyysivät häneltä parantumista, sekä kaikki ne, joiden luokse Isä hänet lähetti. Muualla Uudessa testamentissa kerrotaan kuitenkin myös tapauksista, jotka eivät olleet näin menestyksekkäitä. Kohdat Gal. 4:13-14; Fil. 2:27; 1. Tim. 5:23 ja 2. Tim. 4:20 puhuvat epäsuorasti parantamistoiminnasta, joka ei tuottanut tulosta tai jota ei alun perin edes ryhdytty toteuttamaan.

Kaikki uskovat, jotka antautuvat parantamistoimintaan, kohtaavat väistämättä jonkinlaisia pettymyksiä. Jotkut auttamamme ihmiset eivät parane, toiset kyllä ensin paranevat, mutta sairastuvat sitten uudestaan, ja lisäksi on myös joitakin sellaisia, jotka paranevat osittain, mutta joiden tila ei sen jälkeen muutu parempaan.

Joskus syynä on se, että palvelijan parantaminen ylpeydestä olikin kaikista korkeimmalla Jumalan tehtävälistalla. Joissakin tapauksissa palvelija kuulee väärin Jumalan kehotuksen tai hän saattaa toimia inhimillisen innostuksen vallassa tai maailmalta tai ihmisiltä tulevan paineen alaisena. On myös sellaisia tilanteita, joihin palvelija ei ollut valmistautunut riittävästi rukouksin tai joissa materialismi tai turhat huolet veivät hänen huomionsa.

Surullista kyllä, jotkut uskovat antavat ymmärtää – joko vihjaamalla tai oman häpeänsä peittämiseksi – että parantamistoiminnan tehottomuus olisi johtunut paleltavana olevasta henkilöstä. He saattavat vihjata, ettei kyseisellä henkilöllä ollut tarpeeksi uskoa, että hän oli kapinoiva tai ettei hän todellisuudessa edes halunnut parantua täysin. Kaikki nämä selitykset ovat kyllä mahdollisia, mutta vain harvoin ne ovat tehottomuuden todellinen syy.

Joskus, kuten havaittiin monien Vanhan testamentin kertomusten yhteydessä, parantuminen voidaan todeta vasta viiveellä. Toisinaan taas itse parantuminen tapahtuu asteittain

Palveleminen Hengessä

– kuten Naamanin ja sokean miehen (Mark. 8) tapauksissa. Tällaisissa tapauksissa ei voida kuitenkaan minkäänlaisella raamatullisella arvovallalla sanoa, että kyseisen henkilön tulisi toimia aivan kuin hän jo olisi parantunut. Näiden kertomusten ihmisiä pyydettiin ainoastaan tottelemaan saamaansa Jumalan sanaa.

On tärkeää huomioida, ettei Raamatussa missään kohdin kerrota, että Kristus olisi sanonut jollekin henkilölle, ettei tämä voisi parantua, koska tällä itsellään ei ollut tarpeeksi uskoa. Kohdat Matt. 13:58 ja 17:19–20 opettavat itse asiassa aivan päinvastaisia totuuksia.

Kun – pitkään jatkuneen parantamistoiminnan jälkeen – odotettua parantumista ei silti ole tapahtunut, voimme tehdä jonkun alla luetelluista asioista. Kuten aiempienkin ehdotusten kohdalla, näidenkin kanssa meidän tulisi pyytää Jumalaa soveltamaan niitä tilanteeseemme sopiviksi.

- Pura tilanne kumppanisi kanssa (henkilön, jonka kanssa tilanteessa palvelit). Käykää palvelemistilanteen jokainen vaihe yksi kerrallaan läpi. Pyrkikää selvittämään, noudatitteko kuuliaisesti jokaista kehotusta ja selvittäkää, teittekö jotakin väärin tai jätittekö jotakin tekemättä.

- Rukoile ja paastoa johdatusta. Kysy Jumalalta, miksi paleltava henkilö ei parantunut.

- Keskustele ja rukoile asian puolesta jonkun sellaisen henkilön kanssa, jolla on sinua enemmän kokemusta parantamistoiminnasta. Kysy tuolta henkilöltä mahdollisia selityksiä.

- Kiitä Jumalaa yhdessä palvelemasi henkilön kanssa siitä ajasta, jonka saitte viettää yhdessä. Muistuta häntä siitä, että Jumala, joka on parantaja, on hänen kanssaan ja välittää hänestä.

- Selvitä, mitä tilanteesta opittiin, ja selitä se myös palvelemallesi henkilölle. Selvitä, mitä hän oppi tuosta

Sairaiden parantaminen nykyään

palvelemistilanteesta. Kiittäkää yhdessä Jumalaa saamistanne uusista näkökulmista.

◆ Jos autettava henkilö on uskova, rohkaise häntä myös alkamaan rukoilla muiden ihmisten parantumisen puolesta.

◆ Muista, että olemme taistelussa ja että vihollinen vastustaa kiivaasti parantumista, mutta että ristillä vihollisesta saatiin voitto ja että viimeisenä päivänä hänet tuhotaan.

◆ Varmistu siitä, ettei kukaan jää kokemaan syyllisyyttä siitä, ettei parantumista tapahtunut.

◆ Rohkaise palvelemaasi henkilöä mietiskelemään Jumalan raamatullisia lupauksia parantumisesta ja soveltamaan noita lupauksia omaan tilanteeseensa.

Vaikka meidän tulisikin kehottaa ihmisiä jatkamaan rukoilua parantumisensa puolesta ja jatkamaan Jumalan parantumislupausten omistamista, emme saa kuitenkaan unohtaa sen muistuttamista, että heidän tulisi janota enemmän parantajaa kuin parantumistaan. Eihän parantuminen loppujen lopuksi kuitenkaan ole ihmisten suuri toivo. Jeesus on.

Kaikkien kipujemme ja ongelmiemme keskellä ainut toivomme saada sisäistä rauhaa ja tyytyväisyyttä on pitämällä katseemme tiukasti kiinni Jeesuksessa sekä hänen ylitsevuotavassa rakkaudessaan meitä kohtaan. Jos olemme liian keskittyneitä vain parantumiseen, emme koskaan voi olla eheitä emmekä koskaan voi saada rauhaa. Jos tavoitteemme on kuitenkin Jumala itse, saamme huomata, että *Jahve Rapha* pian kietoo meidät hellien käsivarsiensa suojiin.

Osa 7

Vapauttamistoiminnan perusta

Toinen ilmeinen tapa, jolla Jeesus palveli yksittäisiä ihmisiä, oli heidän vapauttamisensa pahan voimista. Ennen kuin tutkitaan sitä, kuinka Jeesus palveli ajamalla ulos riivaajia, on tärkeää ymmärtää, että hänen toimintansa oli osa laajempaa raamatullista opetusta Jumalan vapauttamistoiminnasta.

Vapautuminen synnistä

Edellä tutustuttiin Apostolien tekojen jakeeseen 10:38 ja havaittiin, että Jeesus oli voideltu Pyhällä Hengellä ja voimalla ja että sen tuloksena hän paransi kaikki, jotka olivat joutuneet paholaisen valtaan. Tämä jae puhuu meille siitä, että ihmiset todellakin voivat olla jollakin tavalla paholaisen vallassa ja että vapauttamistoiminta on yksi Jeesuksen Hengessä tapahtuvan palvelutyön olennainen piirre.

Viime vuosina "vapauttamistoimintaan" on liittynyt jos jonkinlaisia erimielisyyksiä, joista suurin osa on kohdistunut siihen tapaan, jolla eri uskovien ryhmät käyttävät sanojen "manaus" ("eksorkismi") ja "riivattu" kaltaisia nimityksiä sekä siihen, millaisella tavalla ne "nimeävät" henkilöityneitä tai yksittäisiä riivaajia. Paholaisen vallassa olemista ei kuitenkaan Uudessa testamentissa jaotella eri luokkiin. Sen sijaan siellä kutsutaan meitä kääntämään katseemme Jeesukseen ja tallaamaan jalkojemme alle kaikkea vihollisen työtä.

Monissa kristillisissä piireissä käydään nykyään myös keskustelua siitä, mitä riivaajat – joita usein kutsutaan myös pahoiksi tai saastaisiksi hengiksi – todellisuudessa ovat ja mistä ne ovat saaneet alkunsa. Ovatko ne saatanan kapinaan osallisia olleita langenneita enkeleitä vai ovatko ne ennen Aadamia olemassa olleen rodun ruumiistaan irrotettuja jäseniä? Ja

Palveleminen Hengessä

tulisiko meidän tehdä jokin ero sanan *daimon* ja siitä johdetun sanan *daimonion* välillä? (Nämä Raamatussa esiintyvät kreikan kielen sanat on molemmat yleensä käännetty sanalla "riivaaja" tai "paha henki".)

Vaikka nämä – ja muut – ovatkin mielenkiintoisia kysymyksiä, niiden vastaukset jäävät kuitenkin pelkälle teorian tasolle, sillä se vähä, mitä niistä on Raamatussa kerrottu, on hyvin monitulkintaista. Meidän tulisi siis varoa laittamasta liian suurta painoarvoa tällaisille kysymyksille ja asioille, joita ei ole koettu tarpeelliseksi selittää Raamatussa. Loppujen lopuksihan Jumala on nimenomaan kiinnostunut juuri ihmisistä ja heidän hyvinvoinnistaan, minkä vuoksi Raamatunkin pääpaino on ennen kaikkea siinä, mitä vaikutuksia riivaajilla on ihmisten elämään, eikä niinkään siinä, miten riivaajia voitaisiin luokitella tai miten niitä voitaisiin yksityiskohtaisilla tavoilla kuvailla.

Efesolaiskirjeen jae 6:12 osoittaa, että on olemassa erilaisia demonisia voimia – samoin kuin on myös olemassa sekä enkeleitä, arkkienkeleitä, kerubeja että serafeja. Raamatun päähuomio on kuitenkin siinä, että me voisimme oppia, kuinka vastustaa vihollista – emme, kuinka luonnehtia häntä.

Vaikka Raamatussa esimerkiksi viitataankin *luulevaisuuden henkeen* (4. Moos. 5:14, v. 1933 käännös), *huoruuden henkeen* (Hoos. 5:4), *sairauden henkeen* (Luuk. 13:11), *orjuuden henkeen* (Room. 8:15) ja *pelkuruuden henkeen* (2. Tim. 1:7), on näiden raamatunkohtien pääpaino siinä, minkälainen vaikutus demonisella toiminnalla on ihmisten elämään – pääpaino ei siis ole itse riivaajassa. Edellisten kaltaiset raamatunkohdat muistuttavat läheisesti myös sitä tapaa, jolla Raamatussa viitataan Pyhään Henkeen esimerkiksi jakeiden Jes. 11:2, Sak. 12:10, Joh. 14:17, Room. 8:15 ja 1. Piet. 4:15 kaltaisissa kohdissa. Kyseisissä jakeissa ennen kaikkea kuvataan ihanalla tavalla kaikkea sitä, mitä Pyhä Henki saa aikaan – niissä ei niinkään pyritä määrittelemään häntä täydellisesti.

Riivaajat voivat epäilemättä aiheuttaa kaikenlaista pahuutta ja syntiä ja myös edesauttaa niiden syntymistä. Ne haluavat esimerkiksi saada aikaan kateutta, prostituutiota,

Vapauttamistoiminnan perusta

raihnaisuutta, orjuutta ja arkuutta. Meidän tulee kuitenkin keskittyä ennen kaikkea Jumalaan ja häneltä tulevaan vapautukseen eikä niinkään pahuutta aikaansaaviin riivaajiin. Lisäksi meidän täytyy pyrkiä oppimaan Raamatusta, kuinka paholaista voidaan vastustaa, kuinka Jumala vapauttaa ihmisiä ja kuinka me voimme palvella niitä ihmisiä, jotka tarvitsevat vapautumista.

Jumalan tarjoama anteeksianto on ehdottomasti kaikkein tärkein osa hänen vapauttamistoimintaansa, sillä anteeksianto on vapauttamista synnistä. Se on vapauttamista kaikesta saatanan otteesta. Vaikka monet ihmiset tarvitsevatkin vapauttamista demonisista siteistä, suurin osa ihmisistä tarvitsee kuitenkin vain seuraavaa kahta asiaa päästäkseen eroon ongelmastaan: Isän anteeksiannon oikeanlaista ymmärtämistä ja sen omistamista omalle kohdalle sekä vankkaa päätöstä olla enää tekemättä syntiä.

Synti

Yleisin synnistä käytetty kreikan kielen sana on *hamartia*. Kyseistä sanaa käytetään joskus synnillisistä teoista, mutta tavallisimmin sillä tarkoitetaan synnillistä olotilaa. Se kuvaa sitä vastustamatonta sisäistä moraalista voimaa, joka hallitsee ihmisiä. Sanalla *hamartia* tarkoitetaan sitä tottelemattomuutta, joka ei kykene sanomaan "kyllä" Jumalalle ja joka saa aikaan sen, ettei ihminen kykene mukautumaan Jumalan normeihin.

Hamartia vaikuttaa jumalasuhteeseemme. Ennen kuin olemme vapaita synnin orjuudesta, olemme ikuisesti erotettuja Jumalasta. Kun luetaan, mitä Raamatussa kerrotaan synnistä – esimerkiksi Roomalaiskirjeen luvussa 7 –, on helppoa ymmärtää, miksi jotkut synnin otteessa olevat ihmiset luulevat, että heistä täytyisi ajaa ulos jokin riivaaja.

Synnistä käytetään Uudessa testamentissa myös kolmea muuta kreikan kielen sanaa.

◆ Sanaa *paraptoma* käytetään esimerkiksi kohdissa Room. 4:25, 5:15 ja Ef. 2:1. Se on yleensä käännetty sanalla "rikkomus", ja se tarkoittaa ennalta suunnittelematonta

Palveleminen Hengessä

virhettä. Se korostaa synnin ajattelematonta ja välinpitämätöntä luonnetta.

◆ Sanaa *parabasis* käytetään kohdissa Room. 2:23, 5:14; Gal. 3:19 ja 1. Tim. 2:14. Se tarkoittaa astumista sivuun totuuden polulta, tarkoituksellista poikkeamista siitä, ja sekin on yleensä käännetty sanalla "rikkomus". Se korostaa synnin tahallista ja tarkoituksellista puolta.

◆ Sanaa *anomia* käytetään kohdissa Matt. 23:28, 24:12 ja 2. Kor. 6:14. Se tarkoittaa laittomuutta tai vääryyttä, ja se viittaa kaikkeen oikean ja hyvän vastakohtaan. Se osoittaa, että synti on Jumalan täysi vastakohta.

Kyseiset kolme sanaa välittävät sen ajatuksen, että synti on sitä, että ihminen epäonnistuu täyttämään Jumalan täydelliset vaatimukset. Ne kuvaavat tekoja ja asenteita, jotka erottavat meidät toinen toisestamme ja Jumalasta. Vaikka kyseiset sanat ovatkin pitkälti samankaltaisia, niiden eri merkitysvivahteet auttavat meitä ymmärtämään synnin monivivahteista ja monimutkaista luonnetta.

Syntien anteeksiantamus

Raamattu lupaa anteeksiantoa synnin kaikista eri puolista: *hamartiasta* (Kol. 1:14), *paraptomasta* (Kol. 2:13), *parabasiksesta* (Hepr. 9:15) ja *anomiasta* (Tiit. 2:14). Anteeksianto ymmärretään kuitenkin nykyään yleisesti niin heikosti, ettei raamatullista anteeksiantoa sen koko laajassa merkityksessä osata useinkaan arvostaa eikä hyödyntää. Jumalan anteeksianto käsittää seuraavat kolme seikkaa:

◆ Syntien anteeksiantamus tarkoittaa, että Jumala poistaa synnistä johtuvan rangaistuksen ja siirtää sivuun sen esteen, joka on hänen ja jokaisen ihmisen välissä. Tätä voitaisiin kutsua "vapautumiseksi synnin rangaistuksesta tai palkasta".

◆ Syntien anteeksiantamus tarkoittaa, että Jumala poistaa rikkomuksen ja hävittää tuon rikkomuksen

Vapauttamistoiminnan perusta

muistonkin. Hän peittää tai piilottaa tehdyt teot, niin ettei hän itse enää voi nähdä tai muistaa niitä. Tämä on "vapautumista synnin aiheuttamasta syyllisyydestä", ja siitä on annettu lupaus Jeremian kirjan jakeissa 31:31–34. Kolmannen Mooseksen kirjan luvussa 16 annettu käsky teurastaa kaksi vuohipukkia oli esikuva näistä anteeksiantamuksen kahdesta puolesta.

◆ Anteeksiantamuksen kolmas puoli on kuitenkin se, joka on vapauttamistoiminnan kannalta aivan elintärkeä. Roomalaiskirjeen luvun 6 opetus "kuolemisesta synnille" ilmaisee tätä anteeksiantamuksen puolta kaikista voimakkaimmalla mahdollisella tavalla. Synnin voima tuhotaan aivan täysin siinä hengellisessä toiminnassa, jossa poistetaan hamartia – moraalinen pakottava taipumus tehdä vääryyttä, kyvyttömyys mukautua Jumalan tahtoon. Tämä on "vapautumista synnin voimasta". Se on myös syy sille, miksi Kolossalaiskirjeen jakeissa 1:13–14 syntien anteeksi saamista kutsutaan ilmauksella "meidän lunastuksemme" (tai englanninkielistä raamatunkäännöstä mukaillen "meidän vapautemme", suom. huom.).

Juuri tämä elävä ja henkilökohtainen kokemus Jumalan anteeksiannosta tekee *yleensä* tarpeettomaksi sen, että ihmisestä täytyisi ajaa jokin riivaaja ulos. Raamatullinen anteeksianto yhdistettynä parannuksen tekemiseen, uskoon ja vesikasteeseen riittää *tavallisesti* vapauttamaan ihmisen siitä otteesta, joka paholaisella synnin kautta on tämän elämästä. Myöhemmin tässä kirjassa kuitenkin tutkitaan sitä, kuinka jotkut ihmiset ovat joutuneet niin tiukasti demonisten olentojen valtaan ja vaikutuksen alaiseksi, että edellisten lisäksi tarvitaan myös muunlaista vapauttamista.

Koska Raamattu painottaa, että uskovat on "vapautettu" synnin voimasta, täytyy pitää erittäin vakavana asiana, jos jonkun uskovan elämässä on syntiä. Jos jonkun synnin voimasta vapautetun ihmisen elämässä synti on jatkuvasti

Palveleminen Hengessä

läsnä, on vaarana, että hän joutuu alttiiksi mahdollisille demonisille vaikutuksille.

Koska vapaus synnin voimasta on niin voimakas ja tärkeä totuus, paholainen pyrkii aivan erityisesti pitämään meidät tietämättöminä ja epäuskoisina todellisesta asemastamme Kristuksessa. Voimme olla varmoja siitä, että hänen riivaajansa pyrkivät jatkuvasti saamaan meitä paitsi lankeamaan takaisin syntiin myös olemaan vakuuttuneita siitä, ettemme ole vapaita synnistä.

Jumalan anteeksiantamus on niin voimallista ja kaikenkattavaa, että sen pitäisi olla kaiken vapauttamistoiminnan keskipisteessä. Tämän vuoksi meidän täytyykin ymmärtää, kuinka se vastaanotetaan. Tähän anteeksiantamuksen vastaanottamiseen liittyy neljä seikkaa:

1. Ilmainen lahja

Anteeksiantamus – vapautuminen synnin rangaistuksesta, syyllisyydestä ja voimasta – on ilmainen lahja, jonka saavat vastaanottaa ne, jotka ovat uskoneet Herraan Jeesukseen, alkaneet kääntää selkäänsä maailmalle, lihalle ja paholaiselle ja jotka ovat vakaasti kääntäneet kasvonsa Jumalaa kohti. Kohdissa Luuk. 15:11–32 ja Ap. t. 5:31 viitataan armoon, joka siihen liittyy.

2. Jeesuksen veren aikaansaamaa

Monet ihmiset ihmettelevät, miksei Jumala voinut säästää Jeesusta Golgatan kärsimyksiltä ja ilmoittaa kuten isä tuhlaajapojalle: "Minä annan sinulle anteeksi", jos hän kerran jo tiesi, että tulisi joka tapauksessa antamaan synnit anteeksi. Tällainen ajattelutapa paljastaa kuitenkin sen, että ihmisellä on puutteellinen käsitys siitä, mitä synti, anteeksianto ja Jumalan pyhyys ovat.

Synti täytyy poistaa, ennen kuin pyhä Jumala voi sallia sovinnon itsensä ja synnin saastuttamien ihmisten välillä. Vanha testamentti tekee selväksi sen periaatteen, että synti voidaan poistaa vain vuodattamalla jonkun virheettömän tai

Vapauttamistoiminnan perusta

tahrattoman olennon veri. Ristillä synnitön Kristus vuodatti verensä vapauttaakseen meidät synnin saastasta. Tämä Jumalan suunnitelma selitetään Efesolaiskirjeen jakeissa 1:4–7.

Golgatalla Kristus vapautti meidät synnin rangaistuksesta ottamalla vapaaehtoisesti meidän syyllisyytemme, kestämällä eron aiheuttaman tuskan, ottamalla monien virheet päälleen ja voittamalla ikuisen lunastuksen – kuten Heprealaiskirjeen luvuissa 9–10 tehdään selväksi. Juuri siellä Kristus myös vapautti meidät synnin voimasta, kuten Roomalaiskirjeen jakeissa 6:9–11 väkevällä tavalla painotetaan.

3. Vastaanotetaan uskossa

Vaikka anteeksiantamus onkin Jumalan lahjoittama ilmainen lahja, se ei ole millään tavoin minkäänlainen itsestäänselvyys. Se ei ole sellaista, mikä väistämättä vain saadaan, vaan jotakin täytyy tehdä, ennen kuin se voidaan kokea. Apostolien tekojen jakeesta 26:18 selviää, että Paavali lähetettiin pakanoiden luo, jotta he voisivat saada syntien anteeksiannon, "kun uskovat" Jeesukseen. Uskomalla Jeesukseen me saamme kokea – saamme henkilökohtaisesti vastaanottaa – sen, minkä Kristuksen vuodatettu veri sai aikaan.

Apostolien tekojen jakeista 2:38, 3:26 ja 10:43 selviää, että ihmisten täytyy antaa oma vastauksensa Jumalan aloittamiin asioihin. Jumala on tehnyt syntien anteeksi saamisen mahdolliseksi Kristuksen kuoleman kautta, mutta tämä anteeksianto on ainoastaan niiden saatavilla, jotka päättäväisesti kääntyvät pois synneistään ja alkavat uskoa ja turvautua Jeesukseen.

4. Vahvistetaan kasteessa

Kaste liitetään Uudessa testamentissa aina Kristuksen sovituskuolemaan ja Kristuksen voittamaan anteeksiantoon. Tämä havaitaan esimerkiksi kohdissa Ap. t. 2:38 ja 22:16.

Vaikka Jumala ei sidokaan lahjojaan minkään erityisen riitin yhteyteen, jokainen parannuksen tehnyt uskova, joka kastetaan Jeesuksen Kristuksen nimessä, saa varmasti kokea

Palveleminen Hengessä

välittömän anteeksiannon kaikista tekemistään synneistä. Tätä tarkastellaan laajemmin kirjan *Jumalan kirkkaus seurakunnassa* osassa 10.

Kasteen molemmat kaksi vanhatestamentillista esikuvaa ovat selvästi tapahtumia, joissa on kyse vapautumisesta: suuri tulva sai aikaan kaiken vanhan elämän kuoleman ja Punaisenmeren jakautuminen merkitsi orjuuden loppumista. Lisäksi Roomalaiskirjeen luvussa 6 opetetaan, että kasteessa Jumala todellakin vapauttaa kaikista vanhoista elämäntavoista.

Jumalan anteeksiantamus on ehdotonta, eikä kukaan voi tehdä mitään sen ansaitsemiseksi. Tuo vapaus täytyy kuitenkin vastaanottaa uskomalla Kristukseen ja vahvistaa ottamalla kaste – vasta sitten se voidaan täysin kokea.

Jumalan anteeksiantamus on vapautta, joka tekee mahdolliseksi sen, että kykenemme mukautumaan Jumalan tahtoon. Se on vapautta, joka tuo mukanaan valinnanvapauden niille, joilla sitä ei aiemmin ollut. Se on pakenemista synnin orjuudesta Jumalan omaan valtakuntaan. Kristityt uskovat ovat ainoita olentoja maan päällä, jotka voivat valita, tekevätkö syntiä vai eivät. Ensimmäisen Johanneksen kirjeen jakeiden 3:5–9 kaltaiset kohdat voidaan ymmärtää vain, jos ymmärretään, mikä suunnaton voima Jumalan vapauttavassa anteeksiantamuksessa on.

Kaikella tällä on kaksi tärkeää seurausta meille: se osoittaa, että kaste on yksi osa vapauttamistoimintaa, ja sen perusteella voidaan päätellä, että jos ihminen ei ota kastetta, hän ei välttämättä saa täyttä vapautusta demonisista vaikutuksista.

Joissakin seurakunnissa tämä otetaan niin vakavasti, että niissä kastetta pidetään jopa "ulosajo"-toiminnan ennakkoehtona.

Kaiken aikaa jatkuva syntien anteeksi saaminen
Jumalan ilmainen anteeksiantamuksen lahja tarkoittaa sitä, ettei meidän enää tarvitse elää jatkuvassa synnissä – onhan synnin voima murrettu. Tiedämme kuitenkin, että synti yhä

Vapauttamistoiminnan perusta

edelleen vaanii meitä, vaikkei se enää hallitsekaan elämäämme. Vaikkemme enää elä jatkuvassa synnissä, teemme silti yksittäisiä synnin tekoja.

Kohdissa 1. Joh. 3:6, 3:9 ja 5:18 käytetään kreikan kielessä preesensmuotoa ilmaisemaan, että anteeksiannon saanut uskova ei enää elä jatkuvassa synnissä. Kohdassa 1. Joh. 2:1 käytetään sitä vastoin eri kreikan kielen rakennetta – aoristia – osoittamaan, että uskova saattaa silti vielä tehdä yksittäisiä synnin tekoja.

Ensimmäisen Johanneksen kirjeen jae 1:8 osoittaa, että uskovat, jotka sanovat, etteivät tee koskaan yhden yhtä syntiä, pettävät itseään, ja jakeet 5:15–17 tekevät selväksi, että kristitytkin voivat tehdä syntiä. Jakeissa 1. Joh. 1:9, 2:1 ja 5:16 luvataan kuitenkin "alati jatkuvaa" anteeksiantoa ja vapautumista sellaisista yksittäisistä synnin teoista, jotka on tehty sen jälkeen, kun uskova on uskossa vastaanottanut Jumalan anteeksiantamuksen ja tuo kokemus on sinetöity kasteessa.

Yksikään nykyajan uskova ei ollut vielä tehnyt syntiä, kun Jeesus kuoli, sillä emmehän olleet silloin vielä edes syntyneet. Kaikkivaltiudessaan Jumala kuitenkin tiesi jo silloin joka ikisen synnin, jonka joskus tekisimme, ja Kristuksen ristinkuolemassa hän hoiti ne kaikki. Kun vastaanotimme anteeksiantamuksen, se ei ollut ainoastaan anteeksiantamus kaikista synneistä, joita siihen mennessä olimme tehneet, vaan myös kaikista tulevista synneistä. Jumalan anteeksiantamuksen lahja murskasi täysin meidän ja Jumalan välillä olleen esteen, ja – mitä sitten teemmekin tai emme tee – tuota estettä ei pystytetä uudestaan.

Näiden "anteeksiantamuksen" ja "alati jatkuvan syntien anteeksi saamisen" eroa voitaisiin vertailla myös yhdistämällä ne lainoppiin ja vanhempiin. Anteeksiantamus avaa meille tiettyjä oikeuksia – eli ikuisen elämän –, minkä vuoksi se muistuttaakin lainopillisia asioita. Syntien jatkuva anteeksi saaminen taas vaikuttaa siihen, millainen suhteemme Jumalaan Isänämme on – tätä juuri voidaan havaita tuhlaajapoikavertauksessa –,

Palveleminen Hengessä

minkä vuoksi se muistuttaakin vanhempien ja lasten välistä suhdetta.

Anteeksiantamus on siis varmistanut, että taivas on päämäärämme ikuisuudessa. Kuitenkin se, kuinka elämme, määrittää sen, missä määrin saamme nauttia ikuisen elämän siunauksista nyt ja taivaassa.

Kun armon evankeliumia saarnataan todella raamatullisella tavalla, sen tulisi aina saada kuulijat kysymään Roomalaiskirjeen jakeen 6:1 kysymys. Mitä tahansa ihminen sitten tekeekään sen jälkeen, kun on saanut Jumalan ensimmäisen ja täydellisen anteeksiantamuksen, hän silti omistaa ikuisen elämän. Tuon anteeksiantokokemuksen jälkeen tekemämme synnit kuitenkin tuhoavat sitä iloa, jota voisimme tuosta ikuisesta elämästä täällä maan päällä kokea, aiheuttavat karikkoja ihmissuhteissamme, vievät meiltä taivaallisia palkkioitamme, estävät sitä, että voisimme kokea Jumalan anteeksiantoa ja vapautta synnistä, ja panevat meidät alttiiksi demonisille vaikutuksille. Tarvitsemme sitä, että Jumala käsittelee näitä syntejä alati jatkuvalla anteeksiannollaan – ja jotkut uskovat saattavat lisäksi tarvita muitakin vapauttamisen muotoja.

Vaikka ensin käsitelty täydellinen syntien anteeksiantamus onkin aina ehdotonta, vaikuttaisi siltä, että alati jatkuvaan syntien anteeksi saamiseen liittyy kaksi uskoville annettua ehtoa:

◆ Tunnustaminen Jumalalle

> Kohdassa 1. Joh. 1:8–9 käsitellään tarvettamme saada "alati jatkuvaa" anteeksiantoa synneistämme. Kyseiset jakeet osoittavat, että meidän tulisi tunnustaa syntimme suoraan Jumalalle, ja ne antavat myös ymmärtää, että parannuksen tekemisen tulisi kuulua kristillisen elämän jokaiseen vaiheeseen.
>
> Tällainen säännöllinen syntien tiedostaminen tai tunnustaminen on ehtona sille, että saamme kokea jatkuvaa syntien anteeksi saamista. Lisäksi se auttaa meitä säilyttämään läheisen suhteen Isämme kanssa.

Vapauttamistoiminnan perusta

◆ Anteeksiantaminen muille

Kohdat Matt. 6:12–15, Luuk. 17:4 ja Ef. 4:32 painottavat sitä, että Jumalan täydellisen anteeksiantamuksen vuoksi uskovien tulisi aina olla valmiita antamaan anteeksi muille.

Saamme Jumalan anteeksiantamuksen, jotta kykenisimme samalla tavalla osoittamaan anteeksiantoa myös muille – emme ansaitse tuota anteeksiantoa osoittamalla anteeksiantoa muille. Anteeksiannon osoittaminen muille ihmisille on aina seurausta siitä, että olemme ensin saaneet itse kokea Jumalan anteeksiantoa. Tunnustamisen tavoin sekin liittyy ensisijaisesti virheisiin, kompuroimisiin ja ihmissuhteisiin.

Kun Matteuksen evankeliumin jakeita 18:23–25 tarkastellaan yhdessä kohtien Matt. 6:14–15 ja Mark. 11:25 kanssa, voidaan havaita, että muita kohtaan osoitettu anteeksianto kumpuaa siitä, että Jumala on ensin rakastanut meitä, ja että ne, jotka eivät anna anteeksi muille, eivät myöskään enää saa kokea Jumalan anteeksiantoa *maan päällä*, mikä taas johtaa ongelmiin ihmissuhteissa. Matteuksen evankeliumin jae 18:34 antaa lisäksi ymmärtää, että tällainen anteeksiantamattomuus voi myös asettaa meidät alttiiksi demoniselle "piinalle" (suomenkielisessä Raamatussa "ankara vankeus", suom. huom.).

"Synnistä vapautumista" koskevasta raamatullisesta opetuksesta nousevat johtopäätökset vaikuttavat merkittävästi myös vapauttamistoimintaan sen laajemmassa merkityksessä. Jos kerran Jumalan voima antaa anteeksi on niin suuri kuin mitä Raamattu antaa ymmärtää, myös ne, jotka harjoittavat vapauttamistoimintaa, ja ne, jotka haluavat vapautusta, voivat luottavaisin mielin anoa Jumalan kaikenkattavaa anteeksiantamusta.

Palveleminen Hengessä

Hyvin *todennäköistä* on, että tämä ensimmäinen vaihe on myös ainoa vaihe matkalla kohti täydellistä vapautta.

Vapautuminen kiusauksista

Osassa 8 tutkitaan sitä, kuinka joku ihminen vapautetaan riivaajan vallasta, mutta sitä ennen on tarpeellista selvittää, minkälaisia keinoja saatana käyttää ihmisten kietomiseksi pauloihinsa. Näitä keinoja ei saa missään tapauksessa sivuuttaa. Useimmat uskovat ovat tietoisia pahan voimien toiminnasta, mutta vain harvat oppivat ensisijaisesti turvautumaan ennaltaehkäisevään hengelliseen terveydenhoitoon korjaavan hengellisen leikkaushoidon sijaan.

Jotkut uskovat tuntuvat olevan niin tietoisia paholaisesta ja hänen riivaajistaan, että he unohtavat, että heillä on Pyhän Hengen voima vastustaa häntä. Toiset taas ovat niin vakuuttuneita siitä, että hän on keskiaikainen myytti, etteivät koe tarpeelliseksi toimia häntä vastaan.

Aina ei ole selvää (kuten esimerkiksi kohdissa Jes. 14 ja Hes. 28), puhutaanko saatanasta jossakin raamatunkohdassa vertauskuvallisesti vai kirjaimellisesti, mutta yksikään hänestä kertova kohta ei ole turha. Kaikki Raamatun kuvaukset siitä, kuinka hän toimi eri miesten ja naisten kanssa, opettavat meille paljonkin siitä, millaista vapauttamistoiminnan tulisi olla.

Vanhassa testamentissa kerrotaan neljästä henkilöstä, joita saatana itse, ei jokin riivaaja, kiusasi. Jokaisessa tapauksessa saatana käytti eri asetta, hyökkäsi henkilöiden elämän eri puoliin ja ilmestyi erilaisessa valeasussa erilaisista syistä. Nämä kertomukset maalaavat yleiskuvan hänen pahuuden täyteisestä suunnitelmastaan, ja niiden pohjalta meidän on helpompi ymmärtää sitä, millaisella tavalla Jumala haluaa vapauttaa kiusauksista.

Eeva

Ensimmäisen Mooseksen kirjan luvussa 3 saatana ilmestyi Eevalle *eksyttäjänä* tai *pettäjänä* ja sai hänet uskomaan valheen

Vapauttamistoiminnan perusta

siitä, millaista todellinen inhimillinen onni on. Hän on tässä samassa valeasussa myös Ilmestyskirjan jakeessa 12:9. Hän hyökkäsi Eevan mieleen, käytti aseenaan valheita, ja hänen tarkoituksensa oli saada Eeva lyömään laimin Jumalan tahtoa.

Jakeessa 3:1 saatana aiheutti hämmennystä sanomalla Eevalle, että tämän tulisi epäillä Jumalan hyvyyttä. Hän antoi ymmärtää, että Jumalan täytyi olla paha, jos hän kerran pyrki rajoittamaan aivan sallittuja nautintoja, kuten sellaisten hedelmien maistamista, jotka hän oli itse juuri valmistanut. Tämä oli valhe, kuten Eeva myös huomautti, sillä Jumala ei ollut kieltänyt syömästä minkään puun hedelmiä.

Saatana yritti saada Eevan kyseenalaistamaan Jumalan sanan, ja sitten jakeessa 3:5 hän suuntaa lisää valheita Eevan mieleen. Nämä valheet kylvivät Eevan mieleen kunnianhimon siemenen, joka tukahdutti hänen kykyään tunnistaa Jumalan tahto.

Saatana yhä edelleen pyrkii pettämään ihmisiä siitä, mitä todellinen onni on. Tästä strategiasta voidaan vapautua ainoastaan Jumalan Sanan avulla. Kun saatana hyökkäsi Jeesusta vastaan valhein ja pyrkien herättämään hänen kunnianhimoaan, Jeesus käytti juuri tätä asetta, Jumalan Sanaa, vihollisensa kukistamiseksi. Kohdassa Matt. 4:1–11 Jeesus sanoi paholaiselle kolme kertaa: "On kirjoitettu".

Ensimmäisen Mooseksen kirjan jakeessa 3:3 Eeva selviytyi saatanan ensimmäisestä hyökkäyksestä Jumalan sanan avulla. Myöhemmin hän kuitenkin laiminlöi sen käytön, joutui kiusaukseen ja ajautui tekemään syntiä.

Job

Paholainen tuli *tuhoajana* käyttäen aseenaan kärsimyksiä. Tämän aseen avulla hän hyökkäsi Jobin ruumista vastaan saaden hänet säälimään itseään ja syyttämään Jumalaa kohtaamastaan pahasta.

Jumala esitteli Jobin saatanalle esimerkkinä hyveellisestä palvelijasta. Saatana vastasi Jumalalle, että Job ylisti Jumalaa ainoastaan vaurautensa ja kokemansa jumalallisen

Palveleminen Hengessä

huolenpidon vuoksi. Tästä syystä Jumala salli saatanan koetella Jobia nähdäkseen, pysyisikö tämä uskollisena. Jakeissa Job 1:21–22 kerrotaan, kuinka Job suhtautui tähän hyökkäykseen.

Jumala nosti esiin, että Job pysyi yhä syyttömänä, mutta saatana vakuutti, että tämä muuttuisi, jos Jobin kehoa vastaan hyökättäisiin. Niinpä Jumala asetti Jobin alttiiksi saatanan voimille, ja saatana hyökkäsi Jobin kehoa vastaan sairaudella.

Kärsimykset eivät olleet saatanan toiminnan lopullinen tarkoitus vaan ainoastaan ase, jonka avulla saada Job kääntymään Jumalaa vastaan. Saatana halusi Jobin herjaavan Jumalan nimeä ja syyttävän häntä kaikesta kokemastaan pahasta. Seitsemän päivän hiljaisuuden jälkeen kerrotaan Jobin tuskanhuudosta: "Miksi?" (Job 3).

Tästä pahan juonesta voidaan selvitä turvautumalla Jumalan armoon, joka vahvistaa inhimillistä kestävyyskykyämme ja sinnikkyyttämme – kuten havaitaan kohdissa Room. 8:18 ja Kol. 1:24. Meidän täytyy lakkaamatta uskoa Jumalan hyvyyteen – jopa silloin, kun emme ymmärrä, miksi paholainen hyökkää kehojamme, perheitämme tai olosuhteitamme vastaan.

Ensimmäisen Pietarin kirjeen jakeet 5:8–11 osoittavat, että saatana pyrkii yhä edelleen tuhoamaan uskovia kärsimysten avulla. Jumala ei lupaa vapauttavansa meitä kaikista kärsimyksistä aina heti, mutta hän lupaa olla kanssamme, vahvistaa meitä ja vapauttaa meidät siitä ansasta, että kääntäisimme selkämme hänelle.

Daavid

Ensimmäisen Aikakirjan luvussa 21 kerrotaan kolmannesta tilanteesta, jossa tapahtui kohtaaminen saatanan kanssa. Tällä kertaa saatana ilmestyi *itsevaltaisena hallitsijana* ja hyökkäsi Daavidin mieltä vastaan aseenaan ylpeys. Hänen tarkoituksensa oli saada Daavid käyttämään kuninkaallista valtaansa Jumalan tahdon vastaisesti. Saatana houkutteli Daavidin toimittamaan väenlaskun, ja Joabin vastusteluista huolimatta se myös toteutettiin.

Vapauttamistoiminnan perusta

Jumalan palvelijat saattavat vapauttaa suuria määriä ihmisiä. Daavidin tavoin he saattavat sitten kuitenkin tämän maailman ruhtinaan viekoittelemina (Joh. 12:31) alkaa pitää kirjaa siitä, moniako ovat auttaneet, ja näin ajautua pönkittämään omaa ylpeyttään. Tällöin he itse tarvitsevat vapauttamista ja vapautumista.

Tästä strategiasta vapaudutaan pysymällä lakkaamatta avoimena sille kolminaisuuden persoonalle, joka ei pyri vetämään minkäänlaista huomiota itseensä vaan joka elää kääntääkseen kaiken kunnian jollekin toiselle. Kun todella olemme täynnä Pyhää Henkeä, emme ylpeile *omilla* määrillämme.

Joosua

Sakarjan kirjan luvussa 3 saatana tuli *häpäisijänä* ja hyökkäsi ylipapin omaatuntoa vastaan nostattamalla itsesyytöksiä. Saatanan tarkoitus oli saada Joosua kokemaan vääränlaista syyllisyyttä kyvyttömyydestään noudattaa Jumalan tahtoa. Hän pyrki houkuttelemaan tuon papin ajattelemaan, ettei hän likaisten vaatteidensa vuoksi olisi kelvollinen palvelemaan Jumalaa.

Tämä on yhä edelleen häpäisijän tavallinen strategia. Hän kuiskaa kiusauksen yhteen korvaamme ja vaihtaa sitten toisen korvamme puolelle syyttämään meitä siitä, että meillä on vääränlaisia ajatuksia. Hän muistuttelee meitä jatkuvasti menneistä virheistämme ja jo kauan sitten anteeksiannetuista synneistämme. Lisäksi hän pyrkii saamaan meidät yleisellä tasolla kokemaan, että olisimme kelvottomia, saastaisia, riittämättömiä ja sopimattomia palveluksen työhön.

Emme tarvitse vapautumista kyvyttömyydestä noudattaa Jumalan tahtoa – tarvitsemme vapautumista itsesyytöksistä. Se saadaan tietämällä, että Kristuksen veri on vapauttanut meidät Jumalan tuomiosta. Tällaisesta vapautumisesta, Jumalan armon aikaansaamasta vanhurskaudesta, voidaan lukea kohdasta Sak. 3:4–5.

Palveleminen Hengessä

Tietoisuus omista virheistä ja toisaalta ymmärrys siitä, että Jumala on vanhurskauttanut meidät, ovat kaksi käsitettä, joiden välisessä jännitteessä jokainen uskova elää. Jos saatana onnistuu viemään meiltä tunteemme siitä, että Jumala on vanhurskauttanut meidät, hän kykenee alkaa suurentelemaan tietoisuuttamme omista virheistämme, syyttämään meitä muistuttelemalla meitä jatkuvasti niistä ja halvaannuttamaan meitä itsesyytöksillämme.

Jopa voideltu uskova, jolla on pitkä kokemus palveluksen työstä, saattaa joutua täysin tallatuksi jonkun epäonnistumisen tai virheen seurauksena. Useimmat meistä kuulevat yhä samoja demonisia kuiskauksia, joita Joosuakin kuuli: "Jumala ei voi käyttää sinua, koska... Mitään ei tapahdu, koska... Kuvittele, jos kaikki tietäisivät, että...?"

Roomalaiskirjeen jakeet 8:38–39 osoittavat, ettei mikään – ei edes saatana eikä yksikään riivaaja – voi tulla meidän ja Jumalan rakkauden väliin. Saatana tai riivaajat saattavat kuitenkin saada meidät ajattelemaan, että meidät olisi erotettu Jumalasta. Tämän seurauksena monet uskovat myös päätyvät elämään aivan kuin heidät olisi erotettu Jumalan rakkaudesta.

Näitä vihollisen strategioita voidaan vastustaa painottamalla lakkaamatta Jumalan Sanan tärkeyttä, Jumalan armoa, Jumalan Henkeä ja Jumalan uhria. Nämä ovat ainoa kestävä perustus, jos halutaan palvella yhdessä Kristuksen kanssa hänen vapauttamistoiminnassaan.

Osa 8

Ihmisten vapauttaminen Uudessa testamentissa

Ensimmäisen Johanneksen kirjeen jae 3:8 opettaa, että Jeesus tuli tekemään tyhjäksi kaiken, minkä paholainen oli etenkin synnin kautta saavuttanut Jumalan luomakunnan turmelemiseksi ja alistamiseksi. Jeesuksen toiminta toi vapautuksen sekä ihmiskunnalle yleisellä tasolla että jokaiselle ihmiselle yksilötasolla – vapautuksen aivan kaikista paholaisen aikaansaannoksista.

Jeesuksen elämä, opetus ja palvelutyö täyttivät hänen ilmoituksensa (Luuk 4:18), ja ne huipentuivat siihen ylivertaiseen hetkeen, jossa hän lunasti ihmiskunnan. Kuten Heprealaiskirjeen jakeissa 2:14–15 kerrotaan, Golgatalla Jeesus kukisti saatanan ja kuoleman vallan ja vapautti ne, jotka olivat olleet kahleissa.

Jeesus ajoi ulos riivaajia

Jos Jeesuksen vapauttamistoiminta kuitenkin rajattaisiin ainoastaan ristiin, jätettäisiin huomiotta eräs hänen maallisen palvelutyönsä tärkeä puoli. Jeesus ei ainoastaan ruokkinut nälkäisiä, parantanut sairaita ja julistanut hyvää sanomaa, vaan evankeliumeissa kerrotaan, että hän myös vapautti monia ihmisiä pahojen voimien otteesta.

Olisi Uuden testamentin vääristelyä väittää, että Jeesuksen palvelutyön päätehtävä olisi ollut ajaa ulos riivaajia. Kuitenkin sen havainnollistamiseksi, että hän palveli Hengessä myös vapauttamistoiminnassa, evankeliumeissa kerrotaan kahdeksasta tapauksesta, joissa Jeesus ajoi ulos pahoja henkiä.

Ilmaus "ajaa ulos riivaajia" on melko kömpelö, ja monet hengelliset johtajat käyttävätkin sen tilalla sanaa "vapauttaa".

Palveleminen Hengessä

Edellä kuitenkin havaittiin, että vapauttaminen on yleinen raamatullinen ilmaus, joka myös tarkoittaa vapauttamista synnistä ja kiusauksista. Tämän vuoksi onkin parempi säilyttää ilmaus "riivaajien ulosajaminen" – kömpelyydestään huolimatta sen kanssa kyetään välttymään väärinymmärryksen vaaralta.

Evankeliumien kahdeksan tapausta, joissa ajettiin ulos riivaaja tai riivaajia ovat:

- Kapernaumin riivattu mies – Mark. 1:21 ja Luuk. 4:31–37
- Pietarin anoppi – Matt. 8:14–15; Mark. 1:29–31 ja Luuk. 4:38–39
- riivattu sokea ja mykkä mies – Matt. 12:22–29 ja Luuk. 11:14–22
- Gerasan alueen riivatut miehet – Matt. 8:28; Mark. 5:1–20 ja Luuk. 8:26–39
- kanaanilaisnaisen tytär – Matt. 15:21–28 ja Mark. 7:24–30
- riivattu epileptikko – Matt. 17:14–21; Mark. 9:14–29 ja Luuk. 9:37–43
- köyryselkäinen nainen – Luuk. 13:10–17
- riivattu mykkä mies – Matt. 9:32–34.

Lisäksi evankeliumeissa on kymmenen yleistä toteamusta koskien pahojen voimien ulosajamista. Ne löytyvät kohdista:

- Matt. 4:24
- Matt. 8:16
- Mark. 1:32–34
- Mark. 1:39
- Mark. 3:11
- Mark. 6:13
- Luuk. 4:41

Ihmisten vapauttaminen Uudessa testamentissa

- Luuk. 6:18
- Luuk. 7:21
- Luuk. 11:24-26.

Kun nämä kahdeksan tapausta ja kymmenen yleistä toteamusta luetaan huolellisesti läpi, voidaan niiden pohjalta tunnistaa kahdeksan perusperiaatetta Jeesuksen palvelutyön siitä puolesta, johon liittyi riivaajien ulosajaminen.

1. Jeesus vapautti ne ihmiset, joista hän sai tietää

Edellä havaittiin, että Jeesus paransi silloin, kun joko kärsivä ihminen itse tai joku hänen edustajansa sitä pyysi ja kun Pyhä Henki lähetti hänet suoraan ja välittömästi jonkun sairaan henkilön luo. Vapauttamistoiminnan yleisistä toteamuksista taas voidaan päätellä, että Jeesus teki täysin vapaiksi kaikki, jotka tuotiin hänen luokseen avun tarpeessa.

Sama on havaittavissa myös tapausten kohdalla. Voidaan esimerkiksi lukea, että riivattu sokea ja mykkä mies ja Pietarin anoppi molemmat vapautettiin sen seurauksena, että joku muu oli tuonut heidät Jeesuksen luo. Kapernaumin riivattu mies taas toi itse itsensä Jeesuksen luo: hänen kirkunansa, huutonsa ja henkilökohtainen läsnäolonsa saivat aikaan sen, että Jeesuksen oli mahdotonta olla huomioimatta hänen ahdinkoaan.

Evankeliumeissa myös kerrotaan tapauksesta, jossa Jeesus meni varta vasten erään miehen luo tämän vapauttamiseksi. Kohdat Mark. 5:2-8 ja Luuk. 8:26-29 antavat ymmärtää, että Jeesus matkasi Gerasan alueelle nimenomaan palvellakseen tuota kyseistä miestä. Ei varmastikaan ole sattumaa, että Jeesus nousi maihin juuri siinä kohtaa rannikkoa, missä oli mies, joka tarvitsi vapauttamista riivaajista. Kyseisissä kohdissa käytetty aikamuoto antaa ymmärtää, että Jeesus oli käskenyt riivaajia poistumaan jo ennen kuin hän oli edes kohdannut kyseisen miehen.

Köyryselkäisen naisen tapaus taas on hieman monimutkaisempi. Saatanan otteen fyysinen seuraus oli kaikkien niiden

Palveleminen Hengessä

havaittavissa, jotka näkivät naisen. Täytyi kuitenkin olla niin, että Henki näytti Jeesukselle, että naisen fyysisen vamman aiheuttaja olikin jokin riivaaja. Ei kuitenkaan ole selvää, mikä sai Jeesuksen vapauttamaan tuon naisen: oliko se hänen kokemansa myötätunto hänen nähtyään naisen, se, että meneillään oli juuri sapatti, Hengen kehotus vai näiden yhdistelmä.

Yhteenvetona voidaan todeta, että Jeesus ajoi ulos riivaajia silloin, kun joku sitä häneltä pyysi kärsivän ihmisen puolesta, kun riivaaja reagoi hänen läsnäoloonsa ja kun Henki johdatti hänet kärsivän ihmisen luo. Tämä ei tarkoita sitä, ettemmekö voisi *koskaan* palvella missään näistä poikkeavissa olosuhteissa, mutta meidän tulisi suhtautua Jeesuksen antamaan esimerkkiin vakavasti – varsinkin, koska hän tuntui toimivan samalla tavoin palvelutyönsä kaikissa puolissa.

2. Jeesus kyseli vain vähän
Jotkut hengelliset johtajat ovat tiukasti sitä mieltä, että ennen kuin ihmistä voidaan palvella, täytyy selvittää syy sille, mistä tämän tila tai sairaus johtuu. Toiset taas painottavat sitä, että tarvitaan kattavia diagnostisia kysymyksiä ja pitkiä katumustuokioita.

Demonisen kahleen syy voi olla olennainen, mutta kun Jeesus oli saanut selville, että kärsivä ihminen tarvitsi vapautumista riivaajasta, hän ei pyrkinyt selvittämään syytä – hän ainoastaan ajoi tuon pahan hengen pois. Evankeliumeissa kerrotaan itse asiassa ainoastaan kahdesta kysymyksestä, jotka Jeesus esitti ajaessaan ulos riivaajia – ne löytyvät kohdista Mark. 5:9 ja Mark. 9:21.

Kuten osassa 9 havaitaan, Pyhä Henki saattaa joskus paljastaa jotakin oleellista tietoa siitä, kuinka riivaaja pääsi johonkin ihmiseen ja mistä syystä tuo demoninen vaikutus edelleen jatkuu. Tästä asiasta ei kuitenkaan ole mitään kiveen hakattuja sääntöjä: tärkeää on vain se, että olemme valmiita kuulemaan Pyhältä Hengeltä tulevaa tietoa ja johdatusta kaikissa kohtaamissamme tilanteissa.

Ihmisten vapauttaminen Uudessa testamentissa

3. Jeesus kohdisti sanansa suoraan riivaajalle

Jeesuksen kerrotaan puhuneen pidempään ainoastaan köyryselkäisen naisen kanssa. Muissa tapauksissa hän kohdisti voimalliset sanansa suoraan sille pahalle hengelle, joka hallitsi kärsivää ihmistä tai vaikutti tähän.

Jeesus ei silti koskaan sivuuttanut kärsivää ihmistä. Hänen palvelutyöhönsä liittyi aina hengellisen tuen ja ohjauksen antaminen tuolle henkilölle. Meidän on kuitenkin tärkeää huomata, että – sillä kyseisellä hetkellä, jona Jeesus vapautti ihmisen – hän puhui nimenomaan riivaajalle.

Kuten edellä havaittiin, Jeesus tuli tekemään tyhjäksi kaikki paholaisen teot, joten kun hänen tietoonsa tuotiin jokin saatanan teko, hän ryhtyi heti toteuttamaan messiaanista tehtäväänsä, eli tuhoamaan tuota tekoa. Evankeliumeissa kerrotaan viidestä asiasta, jotka hän sanoi suoraan riivaajille tilanteissa, joissa hän palveli henkien vaivaamia ihmisiä.

"Ole sidottu"

Kohdissa Mark. 1:25 ja Luuk. 4:35 kerrotaan, että Jeesus käski saastaista henkeä olemaan "vaiti". Jakeessa Mark. 1:26 kuitenkin kerrotaan, että henki huusi lujalla äänellä.

Kreikan kielen verbi *phimoo* tarkoittaa pikemminkin "sitoa" kuin "vaieta" – ja tällä sanalla se on myös käännetty kohdissa 1. Kor. 9:9 ja 1. Tim. 5:18. Jeesus siis ennemminkin käski saastaisia henkiä olemaan sidottuja tai rajoitettuja, mihin kuuluu myös yhtenä – joskaan ei ainoana – osana hiljaa tai vaiti oleminen.

Matteuksen evankeliumin jakeessa 12:29 Jeesus teki selväksi, että "väkevä mies" täytyy ensin sitoa. Juuri tätä Jeesus teki Kapernaumin synagogassa, ja se on myös ensimmäinen vaihe riivaajien ulosajamisessa.

"Ole nuhdeltu"

Verbin *epitimao* – nuhdella – käyttö on yhteydessä sitomiseen. Sanatarkasti *epitimao* tarkoittaa "asettaa paino jonkun päälle", ja sitä käytetään riivaajien yhteydessä kohdissa Matt.

Palveleminen Hengessä

17:18; Mark. 1:25, 9:25 ja Luuk. 4:35,41 ja 9:42. Sitä käytetään myös tismalleen samalla tavalla Pietarin anopin kärsimästä kuumeesta Luukkaan evankeliumin jakeessa 4:39. Juuri sanan *epitimao* käyttö antaa ymmärtää, että tuo kyseinen tapaus liittyy pikemminkin riivaajan ulosajamiseen kuin sairauden parantamiseen.

Jeesus käytti sanaa *epitimao* myös kohdissa Matt. 8:26, Mark. 4:39 ja Luuk. 8:24, mistä voidaan päätellä, että näissä kohdissa tuuli oli demoninen hyökkäys. Jakeen Mark. 4:39 lauserakenne on sama kuin jakeessa Mark. 1:25: Jeesus nuhteli ja havainnollisti sitten sanojaan käyttämällä sanaa *phimoo*. Sanoilla "ole sidottu" hän ilmaisi nuhtelunsa – sen, että hän asetti jumalallisen painon hengen päälle.

"Poistu"
Kertomuksissa Kapernaumin ja Gesaran alueen riivatuista miehistä sekä riivatusta epileptikosta Jeesus käski riivaajia "poistumaan". Tämä yksinkertainen käsky oli perusilmaus, jota Kristus käytti ajaessaan ulos riivaajia.

Kysymyksiä
Kohdassa Mark. 5:9 Jeesus kysyi riivaajalta: "Mikä sinun nimesi on?" Markuksen ja Luukkaan evankeliumeista molemmista selviää, että Jeesus oli käskenyt henkeä poistumaan jo jonkin aikaa – alkaen ehkä jo jopa ennen sitä, kun laiva edes oli rantautunut maihin. Tämä muistuttaa sokean miehen kaksivaiheista parantamista Markuksen evankeliumin jakeissa 8:22–26, mistä voidaan päätellä, että Jeesuksen kysymys oli pikemminkin hyökkäyksen toinen vaihe kuin vain jokin kohtelias tiedustelu.

Raamatun aikoina henkilön nimi ja luonne liittyivät erottamattomasti yhteen. Ihmisen nimen tunteminen tarkoitti myös tuon henkilön luonteen tuntemista. Riivaajan moniselitteinen vastaus ja reaktio kohdassa 5:9–10 tuntuvat järkeenkäyviltä, kun ymmärretään, etteivät Jeesuksen sanat olleet ainoastaan kysymys, jonka avulla hän sai tarttumapinnan

Ihmisten vapauttaminen Uudessa testamentissa

myöhemmän ulosajamisen avuksi, vaan ne olivat myös käsky hengelle paljastaa itsensä ilmoittamalla luonteensa.

Itsensä ja luonteensa paljastaminen oli merkki riivaajan tappiosta. Jeesuksen käskevät sanat – jotka pikemminkin tarkoittivat "paljasta luonteesi" – riittivät. Hänen ei tarvinnut enää toistaa käskyään "poistu".

Mielenkiintoinen seikka on, että myös toinen Jeesuksen esittämä kysymys liittyi tilanteeseen, joka oli jatkunut jo hyvän aikaa. Jakeissa Mark. 9:14-29 opetuslapset eivät onnistuneet ajamaan ulos riivaajaa, minkä seurauksena epileptikkopoika tuotiin Jeesuksen luo. Jeesus saattoi kysymyksellään pyrkiä paljastamaan riivaajan luonteen tai (koska kyseessä oli lapsi) hän saattoi selvitellä mahdollisia perinnöllisiä tekijöitä.

Ei ole selvää, tarkoittaako Jeesuksen selitys jakeessa 29, että hän oli tunnistanut, minkä tyyppisestä riivaajasta oli kyse, vai että hän oli tunnistanut, minkälaisesta erityisestä demonisesta alistamisesta poika oli kärsinyt. Kumpi sitten pitikään paikkansa, kyseessä oli selvästi vakava tapaus, ja Jeesus käytti painokasta persoonapronominia (jonka parempi käännös olisi "se olen minä, joka käsken sinua") kääntääkseen tarkoituksella huomion itseensä ja voimaansa.

"Älä palaa"
Jeesuksen viimeiset sanat pahalle hengelle Markuksen evankeliumin jakeessa 9:25 olivat: "Äläkä enää mene häneen." Saattaa yksinkertaisesti olla, että kyseinen riivaaja oli toiminut kausittain, kuten jae Mark. 9:25 antaa ymmärtää, mutta kohdissa Matt. 12:43-45 ja Luuk. 11:24-26 Jeesus mainitsee, että on mahdollista, että pahat henget palaavat henkilöön sen jälkeen, kun ne on ajettu ulos.

Riivatun epileptikkopojan tila oli ollut pitkäkestoinen, hellittämätön, väkivaltainen ja tuhoisa. Jeesus suhtautui siihen juuri sellaisena kuin se oli. Evankeliumeissa ei kerrota, että Jeesus olisi koskaan vapauttamistoimintansa yhteydessä sanonut kyseisiä sanoja kenellekään muulle. Tämä tosiasia havainnollistaa sitä, kuinka tärkeää on kuunnella Henkeä ja

Palveleminen Hengessä

noudattaa hänen ohjeistustaan. Jeesus ei toiminut minkään valmiin ja muuttumattoman palvelemisen kaavan mukaan kaikissa tilanteissa – eikä tulisi meidänkään.

4. Jeesus ei jaotellut kärsiviä
Monet hengelliset johtajat pitävät erilaisten demonisten kärsimysten tai demonisten siteiden jaottelemista tärkeänä. He käyttävät useita eri sanoja kuvaamaan suurta joukkoa erilaisia olotiloja: esimerkiksi "alistettu", "riivattu", "masentunut", "saastunut", "vaikutuksen alainen", "hyökkäyksen kohteena" tai "tuskainen".

Evankeliumit eivät anna ymmärtää, että Jeesus olisi ollut kovinkaan kiinnostunut tällaisista jaotteluista. Yhtä kreikan kielen sanaa, *daimonizomai*, käytetään lähes kaikista, jotka tarvitsivat vapauttamista riivaajasta. Pinnallisesti tarkasteltuna vaikutti siltä, että ihmisillä oli erilaisia tiloja, mutta todellisuudessa heidän kaikkien ongelmilla oli täysin samanlainen juuri. Sana *daimonizomai* kuvaa juuri tuota ongelman juurta, ei sen pinnallisia oireita.

Sana *daimonizomai* on yleensä käännetty sanalla "vallassa", mikä viittaa siihen, että ihminen on jonkun muun hallinnassa tai omistuksessa. Todellisuudessa sana *daimonizomai* kuitenkin tarkoittaa "riivaajan vaivaama", joten käännös "riivattu" on paljon osuvampi – ja paljon vähemmän ristiriitainen.

Tämä tarkoittaa, että tärkeimmät kysymykset, joita voimme kysyä Pyhältä Hengeltä, kun palvelemme vapauttamistoiminnassa, ovat: "Minkälaista apua tämä ihminen tarvitsee?" ja "Onko tämä ihminen riivattu?" Vaikka näyttikin siltä, että Luukkaan evankeliumin luvun 13 naisella oli hyvin erilainen ongelma kuin Markuksen evankeliumin luvun 5 miehellä, Jeesus tiesi Hengessä, että he molemmat tarvitsivat sitä, että heistä ajettaisiin riivaaja ulos.

Tämäkin korostaa sitä, kuinka ehdottoman tärkeää on, että kuuntelemme Henkeä, kyselemme häneltä asioita ja pyrimme turvautumaan hänen johdatukseensa. Joissakin tapauksissa, kuten Markuksen evankeliumin luvussa 5, saattaa vaikuttaa

Ihmisten vapauttaminen Uudessa testamentissa

ilmeiseltä, että tilanteessa täytyy ajaa ulos riivaaja, mutta silloinkin meidän tulee etsiä Pyhän Hengen johdatusta ja kehotusta. On kuitenkin myös tapauksia – kuten Luukkaan evankeliumin luvussa 13 –, joissa olemme täysin Hengen antaman tiedon varassa.

5. Jeesus erotti henkien ulosajamisen parantamisesta

Jos kertomuksia mykästä riivatusta miehestä ja Pietarin anopista tarkasteltaisiin muista edellä luetelluista raamatunkohdista erillään, voitaisiin ajatella, että evankeliumeissa henkien ulosjaminen ja parantaminen sekoittuvat toisiinsa. Kohdissa Matt. 8:16; Mark. 1:32–34 ja Luuk 4:40–41, 6:18 ja 7:21 voidaan kuitenkin havaita selkeä ero sairaiden parantamisen ja riivaajien ulosajamisen välillä. Lisäksi Matteuksen evankeliumin jakeessa 4:24 tehdään tärkeä ero *daimonizomain* ja *seleniazomain* välillä – vapauttamista tarvitsevan riivatun ja parantamista tarvitsevan mielenterveys- tai epilepsiapotilaan välillä.

Kun Jeesus auttoi köyryselkäistä naista, hän ensin vapautti naisen saatanan siteistä ja sitten laski kätensä naisen päälle parantaakseen hänen köyristyneen selkänsä. Sama vaikuttaisi tapahtuneen myös Pietarin anopin kohdalla: Luukas kertoo ensin tapahtuneesta saatanan otteen murtamisesta, kun taas Matteus ja Markus kertovat sitä seuranneesta parantavasta kosketuksesta.

6. Jeesuksen arvovallan lähde

Jeesuksen aikana toimineet kiertävät juutalaiset manaajat vetosivat useisiin eri nimiin ja käyttivät jopa konemaisia keinoja apunaan ajaessaan ulos riivaajia. Jotkut heistä yrittivät jopa käyttää Jeesuksen nimeä – menestyksekkäästi kohdassa Mark. 9:38 ja surkeasti epäonnistuen Apostolien tekojen kohdassa 19:13–16. Jeesuksen ei kuitenkaan tarvinnut vedota mihinkään muuhun valtaan kuin omaansa.

Matteuksen evankeliumin jakeessa 12:28 Jeesus sanoi karkottavansa riivaajia Jumalan Hengen voimalla. (Luukkaan evankeliumin jakeessa 11:20 puhutaan "Jumalan sormesta"

Palveleminen Hengessä

– mikä perustuu kohtiin 2. Moos. 8:19 ja Ps. 8:3). Jeesuksen palvelutyö oli henkilökohtainen vastakkainasettelu, jossa osapuolina olivat Jeesus, joka oli täynnä Pyhän Hengen voimaa, ja toisaalta saastainen henki. Tämän vuoksi Jeesus oli täysin riippuvainen Hengen voitelustaan.

Markuksen evankeliumin jae 9:29 tarjoaa toisen selityksen Jeesuksen tehokkuudelle. Koska hän ei rukoillut paikalle saapumisensa ja vapauttamistoiminnan tapahtumahetken välillä, hänen täytyi sanoillaan tarkoittaa valmistavaa rukousta ja paastoa. On huomionarvoista, että samoin kuin Jeesuksen parantamistoiminnan yhteydessä, myöskään hänen vapauttamistoimintansa yhteydessä ei kerrota, että hän olisi rukoillut itse palvelemistilanteen aikana.

Matteuksen evankeliumin jakeissa 17:19–20 lisätään vielä kolmaskin selitys – vuoria siirtävä usko. Tätä käsitellään hieman myöhemmin tässä kirjassa.

7. Jeesus herätti kauhua riivaajissa
Evankeliumit osoittavat, että riivaajilla on erilaisia pahoja voimia, niiden päätarkoitus on ihmisten tuhoaminen, ne tuovat sairautta, puhuvat, ovat valtavan voimakkaita, niillä on yliluonnollista tietoa ja että useammat riivaajat voivat samanaikaisesti vaikuttaa ihmiseen tai vaivata tätä.

Evankeliumin esimerkit myös osoittavat, että jo ennen Golgatalla saavutettua voittoa riivaajat pelkäsivät Jeesusta perin juurin! Ne eivät pysyneet hiljaa hänen ollessaan paikalla vaan olivat niin kauhuissaan, että kirkuivat ja paljastivat siten itsensä. Niiden täytyi aina totella Jeesusta. Kun Jeesus sanoi: "Tule ulos!", ne tulivat ulos – vaikkakin sitten kovaäänisesti ja väkivaltaisesti.

8. Ihmiset suhtautuivat Jeesuksen eri tavoin
Matteuksen evankeliumin jae 12:28 osoittaa, että vapauttamistoiminta oli Jeesuksen valtakuntaa painottavan sanoman ytimessä. Todellinen hallitsija oli saapunut, ja oli aika karkottaa vallanriistäjä.

Ihmisten vapauttaminen Uudessa testamentissa

Kun Jeesus oli ajanut ulos riivaajia, kohdassa Mark. 1:21–28 kerrotaan ihmisten ihmetyksestä ja siitä, että Jeesuksen maine alkoi levitä. Jakeessa Luuk. 9:43 sanotaan, että kaikki olivat hämmästyksen vallassa Jumalan suuruuden tähden, ja jakeessa Luuk. 8:37 taas kerrotaan paniikista ja siitä, että Jeesusta pyydettiin pikaisesti poistumaan tuolta alueelta. Kaikista vapautetuista ihmisistä ainoastaan Markuksen evankeliumin kohdan 5:18 miehen kerrotaan anoneen lupaa seurata Jeesusta.

Kaikista hirvittävin reaktio on kerrottu kohdissa Luuk. 11:15; Mark. 3:22; Matt. 9:34 ja Matt. 12:24. Jeesuksen arvostelijat syyttivät hänen olevan Belsebulin vallassa, olevan hullu ja palvelevan käsi kädessä itse saatanan kanssa. Näitä syytöksiä tehtiin myös Johanneksen evankeliumin jakeissa 7:20, 8:48,52 ja 10:20. Ei pitäisikään olla yllättävää, jos ne, jotka nykyään palvelevat yhdessä Kristuksen kanssa tässä palvelutyössä, kohtaavat samankaltaista vihamielisyyttä.

Opetuslapset ajoivat ulos riivaajia

Aina kun Jeesus lähetti ihmisiä saarnaamaan evankeliumia, hän antoi heille myös vallan parantaa sairaita ja ajaa ulos riivaajia. Edellä havaittiin, että Jeesus koulutti noin 80 opetuslasta toimimaan omassa parantamistoiminnassaan, ja kohdat Matt. 10:8, 17:19, Luuk. 9:1 ja 10:17 osoittavat, että he toimivat myös hänen riivaajien ulosajamistoiminnassaan.

Kohta Luuk. 10:17–20 on tärkeä. Opetuslapset iloitsivat: "Herra, pahat hengetkin tottelevat meitä, kun käskemme niitä sinun nimessäsi." Kreikan kielen verbi *hupotasso* – "totella" tai "olla alamainen" (v. 1938 käännös) – on sotilaallinen termi, joka tarkoittaa "olla alempiarvoinen" tai antaa tai luovuttaa omat oikeutensa tai tahtonsa. Opetuslapset eivät kohdanneet riivaajia omalla henkilökohtaisella arvovallallaan – kuten Jeesus teki – vaan Jeesuksen arvovallalla. Tämä on kaikkea vapauttamistoimintaa koskeva perusperiaate.

Jeesuksen vastaus jakeissa Luuk. 10:18–20 on valaiseva. Ilmauksen "minä näin" aikamuoto merkitsee "olen nähnyt

Palveleminen Hengessä

saatanan lankeavan ja lankeavan" (v. 1938 käännöstä mukaillen, suom. huom.), mikä antaa ymmärtää, että saatanan lankeaminen oli jotakin jatkuvaa pikemmin kuin jokin yksittäinen tapahtuma ja että se liittyi opetuslasten suorittamaan ulosajamistoimintaan. Tämä tarkoittaa, että koko opetuslasten lähetysmatkan ajan, jokaisessa riivaajan karkotustilanteessa, Jeesus näki saatanan lankeavan. Verratessaan tuota lankeamista salamaan Jeesus tarkoitti, että tuo lankeaminen oli jotakin vaikuttavaa ja selvästi havaittavissa olevaa.

Matteuksen ja Markuksen evankeliumien viimeisistä jakeista voidaan päätellä, että palvelutyö tai toiminta, jossa ajetaan ulos riivaajia, oli tarkoitettu joksikin, mikä jatkuu seurakunnan elämässä. Markuksen evankeliumin jakeessa 16:17 vapauttamistoiminta on lueteltu ensimmäisenä niistä merkeistä, jotka seuraavat uskovia, ja lähetyskäskyssä (Matt. 28:19–20) opetuslapsia ohjeistetaan opettamaan kaikkia tulevia opetuslapsia noudattamaan kaikkia Jeesuksen määräyksiä – mihin oletettavasti sisältyy myös kohdan Matt. 10:8 käsky.

Apostolien teoissa on kuvattu kahdeksan parantamistapausta mutta vain yksi esimerkkitapaus riivaajan ulosajamisesta – kohdassa 16:16–18. Apostolien teoissa on kuitenkin lisäksi kolme yleistä toteamusta vapauttamistoiminnasta – kohdissa 5:12–16, 8:4–8 ja 19:11–20. Näihin kohtiin on tarpeellista perehtyä tarkemmin.

Filippiläinen orjatyttö
Apostolien tekojen jakeissa 16:16–18 kerrotaan orjatytöstä, jonka esiintyminen saattoi ensin olla jopa tervetullutta. Paavali oli aiemmissa kaupungeissa kohdannut väärinymmärryksiä ja vihamielisyyttä, mutta nyt tässä oli tyttö, joka tunsi Paavalin, Silaksen ja Luukkaan, tunsi heidän sanomansa sisällön ja oli valmis toimimaan heidän sanansaattajanaan.

Nuo kolme apostolia ymmärsivät kuitenkin pian, että tyttö oli ennustaja. Joissakin jakeen Ap. t. 16:16 raamatunkäännöksissä

Ihmisten vapauttaminen Uudessa testamentissa

sanotaan, että tytössä oli "tietäjähenki", mutta ilmauksen *pneuma puthonia* sanatarkka käännös on "pythonhenki".

(Python oli kreikkalaisessa mytologiassa valtava käärme, joka asui Parnassos-vuoren juurella ja vartioi Delfoin oraakkelia. Apollon surmasi sen, minkä jälkeen sen nimi siirtyi Apollonille. Sitä käytettiin usein myös tietäjistä tai ennustajista, joiden uskottiin saavan innoituksensa Apollonilta heidän toimiessaan henkien puolestapuhujina.)

Paavalin sanat jakeessa 16:18 noudattivat Jeesuksen sanoja. Paavali ei käsitellyt riivaajaa oman arvovaltansa pohjalta, vaan Jeesuksen maanpäällisenä edustajana. Kreikan kielen verbin *paraggello* – "käskeä" – käyttö paljastaa, että juuri Kristuksen käsky oli kyseisen tilanteen alullepanija.

Nimisana *paraggelia* on sotilaallinen termi, jota käytettiin käskyistä, jotka nuorempi upseeri sai ylempiarvoisemmaltaan, ja jotka hän sitten välitti eteenpäin omille joukoilleen. Jeesus käytti sanaa *paraggello* Luukkaan evankeliumin jakeessa 8:29 kohdatessaan Gerasan alueen riivatun miehen. Tästä voidaan päätellä, että Jeesus ajoi ulos riivaajia silloin, kun hänen Isänsä ohjeisti häntä Hengen kautta niin tekemään.

Vaikka orjatytön tapaus sattuikin evankeliumin levittämisen yhteydessä, ei kerrota, että sen seurauksena kukaan olisi kääntynyt uskomaan Jumalaan. Tapaus ei tehnyt vaikutusta Filippin väkijoukkoihin, ei tiedetä, kääntyikö tyttö uskomaan, ja Paavali ruoskitettiin, teljettiin vankilaan ja pantiin jalkapuuhun – se oli hinta, joka hänen täytyi maksaa siitä, että oli osallinen Jeesuksen Hengessä tapahtuvan palvelutyön tästä puolesta.

Pietarin varjo

Apostolien tekojen kohdan 5:12–16 toiminta näyttää olleen osa vastausta opetuslasten kohdan 4:24–30 rukoukseen. Vaikuttaa siltä, että Jerusalemin asukkaat pitivät jo ennestään opetuslapsia suuressa arvossa ja että näiden toiminta houkutteli paikalle lisäksi väkijoukkoja Jerusalemia ympäröivältä maaseudulta.

Palveleminen Hengessä

Jotkut raamatunopettajat opettavat, että Pietarin varjo ajoi ulos riivaajia. Jakeiden 5:15-16 suoraviivainen lukutapa kuitenkin antaa ymmärtää, että todellisuudessa vain sairaat asettuivat niin, että Pietarin varjo koskisi heitä.

Kuten evankeliumeissa, myös tässä tehdään ero *astheneis*-ihmisten, "sairaiden", ja *ochloumenoi*-ihmisten, "saastaisten henkien vaivaamien", välillä. Ainoastaan sairaat mainitaan jakeessa 15.

Mitä sitten tapahtuikaan, on syytä huomioida, että ne, jotka vapautuivat, oli ensin tuotu seurakunnan luo, ja että kyseinen aika oli erityinen hetki, jolloin Jumala toimi epätavallisella voimalla (ehkäpä juuri sen seurauksena, että uskovat toimivat Apostolien tekojen kohdan 4:24-30 tavalla).

Paavalin pääliinat ja vaatekappaleet
Vanha testamentti vaikuttaisi antavat viitteitä uskosta voimaan, joka välittyy vaatteiden kautta – esimerkiksi kohdissa 1. Moos. 35:2; 4. Moos. 20:25-26; 1. Sam. 18:3-4; 1. Kun. 19:19 ja 2. Kun. 2:8-14. Lisäksi Luukkaan evankeliumin kohdassa 8:43-48 kerrotaan naisesta, joka parantui koskettuaan Jeesuksen viittaa.

Apostolien tekojen kohdan 19:11-12 tulisikin rohkaista meitä suhtautumaan avoimin mielin asioihin ja ymmärtämään, että Jumala käyttää sellaisia ihmisiä ja tapoja, joita me saatamme väheksyä. Kyseisten jakeiden hämmästyttävä toiminta tapahtui, koska Jumala oli Paavalin kanssa erityisellä tavalla juuri Efesossa ja koska pahat henget olivat jopa välimatkan päästä joutuneet Paavalin välityksellä vastakkain Kristuksen kanssa.

Skeuaksen seitsemän poikaa
Apostolien tekojen jakeissa 19:11-16 siirrytään suoraan ihmeellisistä vaatekappaleista Skeuaksen poikiin. Jakeen 13 perusteella voidaan olettaa, että Paavali vetosi omassa palvelutyössään Jeesuksen nimen arvovaltaan. Paavalin voimatekojen tähden myös muut juutalaiset saarnaajat yrittivät

Ihmisten vapauttaminen Uudessa testamentissa

käyttää Herran Jeesuksen nimeä omassa ei-kristillisessä vapauttamistoiminnassaan.

Skeuaksen poikien täydellinen epäonnistuminen osoittaa, ettei riivaajien ulosajaminen ole kiinni tekniikasta tai joidenkin erityisten sanojen lausumisesta. Siinä on kyse kahden voiman kohtaamisesta – yhden demonisen ja yhden jumalallisen voiman.

Skeuaksen poikien täytyi paeta alasti ja verissä päin, koska heidän toimintansa ei ollut Jumalan käskyjen välittämistä eteenpäin. Eikä se voinutkaan olla, sillä he eivät olleet Jumalan Hengen täyttämiä ja valtuuttamia, eivätkä he tunteneet Jeesusta henkilökohtaisesti. Siksi heillä ei myöskään ollut oikeutta vedota hänen nimeensä.

Katuvat uskovat
Edellisten tapahtumien jälkeen Apostolien teoissa (j. 18–20) kerrotaan tapauksesta, joka on hyvin tärkeä ajatellen nykypäivän vapauttamistoimintaa. Kyseisissä jakeissa ei suoranaisesti puhuta "ulosajamis"-toiminnasta, mutta niissä kerrotut tapahtumat ovat selkeä esimerkki "vapauttamis"-toiminnasta. Voimakkaan Hengen voitelun alla, josta kerrotaan jakeissa 19:11–17, uskovat tekivät parannusta, tunnustivat syntinsä ja tuhosivat kaikki omistamansa okkultistiset kirjat.

Ei riittänyt, että he ainoastaan tunnustivat syntinsä ja tekivät niistä parannusta, vaan Henki myös johdatti heitä polttamaan julkisesti taikuutta käsittelevät kirjansa, joita oli yhteensä 50 000 hopearahan arvosta. Kirjojen vapaaehtoinen ja täydellinen hävittäminen tarkoitti sitä, että demoniset ja okkultistiset voimat menettivät otteensa uskovista.

Jakeessa 19:20 kerrotaan, mikä merkittävä evankelinen vaikutus kaikilla jakeissa 19:11–19 kuvatun vapauttamistoiminnan eri puolilla oli.

Tämä muistuttaa myös kohdan Ap. t. 8:4–8 tapahtumia, joissa suuri joukko samarialaisia otti Filippoksen sanoman vastaan hänen tekemiensä tunnustekojen tähden. Ensimmäinen tunnusteko, josta kyseisessä kohdassa kerrotaan, on, että "monet

Palveleminen Hengessä

vapautuivat saastaisista hengistä, jotka lähtivät heistä kovalla äänellä huutaen".

Paavalin opetus
Uuden testamentin todistuksen pohjalta voidaan oikeutetusti sanoa, että riivaajien ulosajaminen oli tärkeä piirre varhaisessa seurakuntaelämässä. Sitä ei kuitenkaan mainita seurakuntapalvelijoiden tai seurakuntavirkojen luettelossa eikä myöskään armolahjojen luettelossa.

Paavali ilmaisee toistuvasti uskonsa pahojen voimien olemassaoloon: esimerkiksi kohdissa Room. 8:38–39; 1. Kor. 5:5, 7:5, 15:24; 2. Kor. 2:11, 6:15, 11:14–15, 12:7; Ef. 3:10, 6:12; Kol. 2:8,15; 1. Tess. 2:18; 2. Tess. 2:4,9 ja 3:3. Hän ei kuitenkaan koskaan mainitse erityistä tarvetta ajaa ulos riivaajia.

Tämä johtuu hyvin mahdollisesti siitä syystä, että Paavali kirjoitti kirjeensä uskoville. Lahjat ja palveluvirat, joista hän kirjoittaa, oli tarkoitettu seurakunnan rakennukseksi ja hyödyksi. Sen vuoksi hänen olisikin ollut sopimatonta ja tarpeetonta mainita riivaajien ulosajaminen niiden yhteydessä.

Paavali uskoi, että ihmiset olivat joko Kristuksessa tai saatanassa, että he kulkivat joko Hengen johdatuksessa tai synnillisen luontonsa johdatuksessa ja että kristityt olivat siirtyneet pimeydestä valoon – saatanasta Kristukseen. Tämä tulee erityisen selväksi 2. Korinttolaiskirjeen jakeissa 6:16–7:1.

Uuden testamentin todistus vaikuttaa puhuvan sen puolesta, että kaikki Hengen voitelemat uskovat kykenivät ajamaan ulos riivaajia, mutta vain, jos he saivat siihen selkeän käskyn Kristukselta. Ajaessaan ulos riivaajia he saivat arvovaltansa Kristuksen nimestä ja voimansa Pyhästä Hengestä, joka toimi heidän kauttaan. Yleensä he toimivat kumppanuudessa muiden uskovien kanssa, ja he valmistautuivat rukouksella, Jumalan uskolla ja paastolla.

Vaikuttaa myös siltä, että alkuseurakunnassa riivaajien ulosajaminen oli jotain sellaista, minkä yleensä odotettiin tapahtuvan evankeliumin julistamisen yhteydessä – kun Kristuksen maanpäällinen ruumis kohtasi ja otti syleillen vastaan ne, jotka olivat Jumalan valtakunnan ulkopuolella, jotka olivat pahan tiukassa otteessa. Teemme viisaasti, jos otamme oppia alkuseurakunnan asettamasta esimerkistä.

Osa 9

Ihmisten vapauttaminen nykyään

Edellä havaittiin, että Jeesus julisti vangituille vapautusta, päästi sorretut vapauteen ja tuhosi paholaisen teot. Nyt hän jatkaa tätä työtä seurakuntansa välityksellä, ja lähetyskäsky osoittaa, että tämän työn tulisi tavoittaa kaikki kansat ja jatkua aikojen loppuun saakka.

Edellä myös tunnistettiin, että "vapauttaminen" on monitahoinen käsite. Jokainen tarvitsee vapauttamista. Jokainen ihminen tarvitsee kerran tapahtuvaa kertakaikkista vapautumista synnistä, häpeästä ja kuolemasta. Jokainen uskova tarvitsee päivittäin vapautumista vioista, kompuroinneista ja kiusauksista. Lisäksi jotkut ihmiset tarvitsevat vapautumista pahoista hengistä. Meidän tulisi korostaa kahta ensimmäistä vapauttamistoiminnan puolta sivuuttamatta tai vähättelemättä kuitenkaan sen kolmattakaan puolta.

Edellisten lisäksi vapauttamiseen liittyy myös laajempi yhteiskunnallinen taso. Kirjassa *Jumalan hallintavalta* tutkitaan sitä, kuinka seurakunta on maailman valo ja suola ja kuinka se saa aikaan muutosta maailman ajattelutavoissa, käytöksessä ja rakenteissa palveluksen työllään, uhreillaan ja rukouksillaan. Seurakunnan tarkoitus on ylistäminen, mutta sen tehtävä on vapauttaminen. Silmiemme tulisi olla kiinnitettyinä Jeesukseen samalla, kun jalkamme tallovat voimakkaasti saatanan tekoja.

Varoituksia
Osana vapauttamistoimintaa meillä on velvollisuus varoittaa ihmisiä niistä yliluonnollisista toiminnoista, joiden väitetään olevan Jumalasta, mutta joita ei tehdä hänen nimessään tai voimassaan.

Palveleminen Hengessä

Tällaisia tekoja kuvataan usein sanalla "okkultistinen", joka tulee latinan kielen "salaisuutta" tarkoittavasta sanasta *occultus*. Kyseiset teot eivät kuitenkaan enää ole salattuja tai salaisia, joten sana "okkultistinen" ei siksi anna tarkkaa kuvaa niistä. Tällaiset teot ovat yliluonnollisia, mutta ne ovat alkuperältään ja luonteeltaan pahoja eivätkä pyhiä.

Raamattu kieltää visusti ihmisiä osallistumasta pahoihin yliluonnollisiin tekoihin ja osoittaa, että Jumala vihaa ja vastustaa tällaisia tekoja. Meidän on tärkeää huomata, että Raamatussa sanotaan, että jos tällaisiin tekoihin osallistutaan millään tavoin, on seurauksena jumalallinen rangaistus. Tämä havaitaan esimerkiksi kohdissa 2. Moos. 22:18; 3. Moos. 19:26,31; 5. Moos. 18:9–12, 32:16–17; 2. Kun. 21, 1. Aik. 10:13; Ps. 106; Ap. t. 16:16–18, 19:18–19; 1. Kor. 10:20–22 ja Ilm. 9:21, 21:8 ja 22:15.

Pahuuden teot voidaan jakaa kolmeen osa-alueeseen.

◆ Ihmeet

Jumalan todellisuutta ovat kaikki ihmeet, jotka on tehty Jeesuksen nimessä. Pahuuden ihmeitä taas ovat kaikki sellaiset ihmeet, joita ei ole tehty Jumalan pyhän nimen voimassa ja arvovallassa. Niihin sisältyvät musta ja valkoinen magia (ei taikatemput), ennustaminen, levitaatio, voimateot, kehostapoistumiskokemukset ja monet niin kutsutun hengellisen parantamisen muodot.

◆ Keskustelu

Jumalan antama tapa on rukoilla Isää Hengessä Pojan kautta. Tämän saatanallinen versio on pyrkimys keskustella henkien kanssa – joko vilpittömästi tai tahallaan – tavalla, joka ei ole kristillistä rukousta. Tällaiseen sisältyvät ouija-lauta, spiritismisessiot, spiritismi, spiritualismi ja niin edelleen.

◆ Tulevaisuuden ennustaminen

Jumalan ilmoitus löytyy Raamatusta kristillisen

Ihmisten vapauttaminen nykyään

profetian kautta. Riivaajat kertovat asioita pahuuden keinojen kautta. Tällaisia ovat esimerkiksi kädestä ennustaminen, astrologia, tarot-kortit, kristallit, psykoskopia, ennustaminen ja demonisten oppikirjojen opetus.

Raamattu kertoo viisi syytä sille, miksi nämä pahuuden teot ovat kiellettyjä.

- ◆ Ensimmäisen Mooseksen kirjan luku 3 osoittaa, että Jumala on asettanut rajat sille, mitä ihmisten kuuluu tietää, ja että halu tietää asioita, jotka eivät tavallisesti kuulu ihmisille, saa aikaan monia pahuuden tekoja. Kuten Eedenissä, paholainen saa tämän tiedonjanon avulla vieläkin monet ihmiset kahleiden ja kuoleman ansaan.

- ◆ Halu määrätä tai hallita ihmisiä, esineitä, tapahtumia ja tulevaisuutta on yleensä joko pahuuden tekoihin osallistumisen syy tai seuraus. Tämä halu on ihmisyyden oikean luonteen vastakohta, ja se tuomitaan kohdissa Jes. 47:12–15 ja Hes. 13:17–23.

- ◆ Osallistuminen on vaarallista ja johtaa usein demoniseen hallintaan joutumiseen ja jonkinasteiseen mielen pirstoutumiseen tai ruumiin tuhoutumiseen. Tästä on monia esimerkkejä Raamatussa – Saulin tarina eritoten on huomiota herättävä –, mutta lähiaikojen esimerkit ovat luultavasti vielä vakuuttavampia.

- ◆ Siinä on kyse pyrkimyksestä päästä kosketuksiin voimien kanssa, jotka sotivat Jumalaa vastaan. Kuten myöhemmin havaitaan, tämä on se syy, miksi Raamattu opettaa, että Jumala rankaisee uskovia, jotka kääntyvät Jeesuksen seuraamisesta osallistumaan mihin tahansa pahuuden tekoihin.

- ◆ Jumala on sanonut: "Ei!" Tällaiset teot on nimenomaisesti kielletty Uudessa testamentissa – vaikkakin täytyy pitää mielessä, että ne mainitaan yleensä muiden syntien

Palveleminen Hengessä

yhteydessä, joita Jumala pitää yhtä lailla vastenmielisinä. Esimerkiksi Galatalaiskirjeen jakeissa 5:19-21 noituus tuomitaan samassa yhteydessä kateuden, kiukun ja riitojen kanssa. On väärin olettaa, että jotkut synnit ovat syntisempiä kuin toiset, ja päätellä, että ihmisten ovat hengellisesti turvassa kunhan vain välttelevät demonisia toimintatapoja.

Yksi osa vapauttamistoimintaamme on se, että kerromme ihmisille, mitä Jumala ajattelee pahuuden teoista, mutta otamme yhteen pahojen voimien kanssa vielä voimallisemmalla ja vakuuttavammalla tavalla silloin, kun palvelemme ja toimimme Jumalan Pyhän Hengen voimassa.

Rukous

Niiden uskovien ja seurakuntien, jotka tietävät odottaa joutuvansa vastatusten saatanan voimien kanssa, täytyy olla perin pohjin valmistautuneita kyseisiin kohtaamisiin kestävillä ja yksimielisillä rukouksilla. Markuksen evankeliumin jakeessa 9:29 Jeesus sanoi, että juuri rukous oli erottava tekijä opetuslasten tehottoman palvelutyön ja hänen oman tehokkuutensa välillä. Jos kerran Kristuskin tarvitsi valmistavaa rukousta, niin varmasti tarvitsemme mekin. Tähän tulisi sisältyä koko paikallisseurakunnan yhtenäistä rukousta, jota tarkastellaan kirjan *Toimiva rukous* osassa 7.

Apostolien tekojen jakeiden 5:12-16 toiminta oli seurausta jakeiden 4:24-30 yhteisestä, yksimielisestä rukouksesta. Filippiläisen orjatytön vapauttaminen Apostolien tekojen jakeissa 16:16-18 taas oli seurausta rukoushetkestä joenrannalla (j. 13), joka ei ollut ainoa laatuaan, kuten jakeesta 16 selviää.

Jos ajatellaan, että tiedossa on riivaajan "ulosajamis"-tilanne, tulisi paikallisseurakunta tehdä tietoiseksi asiasta, jotta se rukoilisi kyseisen tilanteen puolesta. Näissä rukouksissa tulisi rukoilla rohkeutta, johdatusta, viisautta, voimaa ja tilanteen nopeaa ratkeamista.

Ihmisten vapauttaminen nykyään

Evankeliointi

Uudessa testamentissa riivaajien ulosajaminen tapahtui yleensä evankelioivassa tilanteessa, mutta tämä ei tarkoita sitä, että kaikki käännynnäiset tarvitsisivat riivaajan ulosajamista. Kaikkia Kristuksen puoleen kääntyviä tulisi kuitenkin rohkaista hylkäämään kaikenlaiset väärät jumalat, niin että heistä voisi tulla todellisen ja elävän Jumalan tehokkaita palvelijoita (ks. 1. Tess. 1:9).

Uusien uskovien täytyy ymmärtää, mitkä tavat eivät sovi Jeesuksen seuraajille, tehdä parannusta menneistä pahuuden töistä ja luvata, että he jatkossa elävät puhdasta elämää. Heidän täytyy oppia, mitä Jumalan anteeksiannosta saatu täydellinen vapaus on, ja ottaa se sitten omakseen uskon ja kasteen kautta.

Monet uskoon tulleet ovat jossakin vaiheessa elämäänsä olleet osallisena jonkinlaisissa demonisissa toimintamalleissa. Useimmille heistä riittää, kuten Apostolien tekojen jakeiden 19:18-19 uskoville, että he ainoastaan tunnustavat syntinsä, sanoutuvat irti pahuuden töistä ja hävittävät kaikenlaisten tavarat tai muut, jotka olivat osa noita demonisia toimintamalleja. On kuitenkin myös joitakin sellaisia käännynnäisiä, jotka lisäksi tarvitsevat vapauttamista jostakin riivaajasta.

Diagnoosi

Raamatussa yleisimmät *daimonizomain*, "riivatun" ihmisen oireet olivat:

- ◆ lopullinen itsehillinnän menettäminen
- ◆ tai väliaikainen itsehillinnän menettäminen Kristuksen kohtaamisen yhteydessä
- ◆ tai vakava fyysinen vamma.

Itsehillinnän menettäminen näkyi esimerkiksi:

- ◆ itsetuhoisina taipumuksina
- ◆ epätavallisena voimakkuutena

Palveleminen Hengessä

- väkivaltaisuutena
- ääneen lausuttuina sanoina, jotka sisälsivät yliluonnollista tietoa
- äänen täydellisenä muuttumisena.

Vaikka vähintään yksi näistä "riivatun" ihmisen oireista oli havaittavissa lähes kaikissa Uuden testamentin esimerkeissä, tarvitsemme kaikissa tilanteissa aivan ehdottomasti Hengen antamaa näkökykyä: tarvitsemme sitä, että hän paljastaa meille, milloin ihminen on "riivattu", ja mitä meidän tulisi tilanteessa tehdä.

Raamatussa suurimmasta osasta sellaisia ihmisiä, joilla oli vakavia fyysisiä vammoja, mielenterveydellisiä sairauksia tai epilepsia, ei tarvinnut ajaa ulos riivaajaa. Joistakin kuitenkin tarvitsi, ja voimme tietää, kuka tarvitsee vapauttamista, vain kuuntelemalla Pyhää Henkeä ja koettelemalla Raamatun ja henkien erottamisen armolahjan avulla se, minkä ajattelemme Hengen meille sanovan.

Kristuksen palvelijoina, jotka palvelevat yhdessä hänen kanssaan, meidät on kutsuttu tuhoamaan saatanan teot. Tämä tarkoittaa, että meidän tulisi olla valmiita julistamaan vapautusta aina, kun Jumala näyttää meille, että jokin riivaaja on läsnä, ja aina, kun jokin riivaaja reagoi Kristukseen "meissä" aiheuttamalla riivatussa henkilössä sen, että tämä menettää itsehillintänsä ja kokee joitakin edellä mainituista raamatullisista oireista.

Kuten Uuden testamentin esimerkeistäkin ilmeni, usein on ilmiselvää, milloin joku tarvitsee tämänkaltaista apua, ja silloin ei tulisi epäröidä toimia. Meidän tulee kysyä Jumalalta vain seuraavat kaksi yksinkertaista kysymystä: "Kenen kumppanin kanssa minun tulisi palvella tässä tilanteessa? Ja mitä meidän tarkalleen ottaen tulisi sanoa ja tehdä?"

Toisinaan taas tarvitsemme Hengen antamaa näkökykyä – erityisesti silloin, kun on tarpeen tunnistaa, että joku vakavasta vammasta kärsivä ihminen onkin todellisuudessa "riivattu". Tällaisissa tapauksissa Henki antaa meille usein

Ihmisten vapauttaminen nykyään

enenevää varmuutta tai profeetallisen "taakan" siitä, että vapauttamistoiminta on oikea apu kyseisessä tilanteessa. Tällaisesta tulisi kertoa paikallisseurakunnan johtajille, ja lisäksi tulisi etsiä johdatusta Jumalalta siihen, milloin ja kuinka asiassa tulisi edetä.

Lääketieteellinen apu

Meidän ei pidä sivuuttaa sitä seikkaa, että ainoassa Apostolien tekojen yksityiskohtaisessa esimerkissä "ulosajamis"-toiminnasta paikalla oli lääkäri. On tärkeää ymmärtää, että ammattimainen lääketieteellinen apu hyödyttää monia myös nykyään.

On kuitenkin väärin olettaa, että vapauttamistoiminta sopisi vain sellaisille ihmisille, jotka eivät ole pitkään jatkuneen lääketieteellisen hoidonkaan jälkeen saaneet apua ongelmaansa.

Jos Markuksen evankeliumin jakeet 1:21–26 tapahtuisivat nykyaikana, olisi aivan hullua, jos miestä pyydettäisiin istumaan alas ja odottamaan, että paikalle saataisiin ensin järjestettyä lääkäri tutkimaan hänet. Aivan yhtä mieletöntä on kuitenkin myös olla ohjaamatta autettava ihminen lääkärin vastaanotolle, jos tämän tilassa ei ole tapahtunut useankaan palvelemistilanteen jälkeen mitään muutosta.

"Ulosajamis"-toiminta

Seuraavassa on kerrottu yksinkertaisia ohjenuoria uskovien avuksi tilanteissa, joissa he joutuvat kasvotusten ulosajamista vaativan riivaajan kanssa. Kaikki ohjeet ovat harkinnanvaraisia ehdotuksia – eivät sääntöjä, joita täytyy noudattaa.

Älä ole olosuhteiden tai ihmisten komenneltavissa
Kutsumuksemme on totella Jumalaa, tehdä hänen tahtonsa, ei antaa ihmisten painostuksen ohjailla meitä. Kuuliaisuus Hengen kehotukselle tarkoittaa joskus sitä, että emme auta kärsivää ihmistä, mistä syystä saatamme jopa vaikuttaa sydämettömiltä. Toisinaan se taas tarkoittaa, että toimimme välittömästi. Meidän tulisi joka tilanteessa olla valmiita Jumalan

Palveleminen Hengessä

käyttöön tekemättä kuitenkaan omia olettamuksiamme siitä, mikä hänen tahtonsa on. Meidän tulee varmistaa, että kysymme aina Hengeltä, haluaako hän käyttää meitä, ei ketään vai jotakin toista uskovaa.

Älä pelkää
Väkivaltaiset itsehillinnän menettämisen tilanteet ovat aina jossakin määrin pelottavia ja ahdistavia. Meidän tulisi suhtautua tähän seikkaan samoin kuin kuolemaan ja kuolemiseen. Kristityt eivät pelkää kuolemaa, mutta kuolemisen prosessi saattaa silti olla hyvinkin ikävä. Meidän ei tarvitse pelätä riivaajia – Luukkaan evankeliumin jakeen 10:19 lupaus ehdoton –, mutta riivaajien tapa reagoida Kristukseen saattaa tuntua meistä ahdistavalta.

Jos pelkäämme, meidän tulisi pyytää Kristusta poistamaan pelkomme ja täyttämään meidät hänen itsevarmuudellaan. Psalmien 124 ja 125 kaltaiset kohdat ovat hyvä apu tähän.

Valmistaudu hyvin
Meidän tulee olla varmoja siitä, että turvaudumme aivan täysin ainoastaan Kristukseen, emme mihinkään tekniikkaan, sanamuotoihin tai palvelemisen malliin. Lisäksi meidän täytyy varmistua siitä, ettei elämässämme ole minkäänlaista katkeruutta, särkyneitä ihmissuhteita tai syntiä, jota emme ole käsitelleet.

Meidän tulee muistaa rukoilla, paastota ja pyytää Hengen apua. Lisäksi meillä täytyy olla kumppani, jonka kanssa palvella, sekä paikallisseurakuntamme rukoustuki. Tarvitsemme myös syvää myötätuntoa, kärsivällisyyttä ja rakkautta autettavaa ihmistä kohtaan. On tärkeää, että teemme kaikkemme sen eteen, että tilanteessa voitaisiin välttyä keskeytyksiltä, ja meidän täytyy muistuttaa itseämme myös siitä, että tunnustaminen, parannuksen tekeminen ja Jumalan anteeksiannon vastaanottaminen saattavat olla kaikki, mitä tarvitaan.

Ihmisten vapauttaminen nykyään

Valmistele autettavaa ihmistä
Jos autettava ihminen ei ole menettänyt itsensä hallintaa, häntä tulisi auttaa rentoutumaan kertomalla hänelle, mitä palvelemistilanteen jokaisessa vaiheessa tapahtuu. Meidän on hyvä mainita, että puhumme palvelemistilanteessa riivaajalle, emme henkilölle itselleen, ja että vapautumisen saa aikaan ainoastaan yksin Kristus.

Useimmat autettavat ihmiset haluavat vapautua, ja heitä voidaan kehottaa itsekin vastustamaan paholaista, ottamaan omakseen Jumalan lupaukset vapaudesta ja lisäämään oman "Aamenensa" arvovaltaisten käskyjen perään. Heitä voidaan myös rohkaista vastustamaan kiusausta reagoida millään tarpeettomilla tavoilla – kuten huutamalla tai äärimmäisillä/toistuvilla kehonliikkeillä.

Usein on myös hyödyllistä neuvoa autettavaa ihmistä lukemaan ääneen jokin aiheesta kertova Uuden testamentin kertomus tai jokin rohkaiseva raamatunkohta.

Tunnustaminen ja hylkääminen
Autettavat ihmiset menettävät joskus itsensä hallinnan riivaajalle valmistautumisvaiheen aikana: siis esimerkiksi rukouksen aikana, Raamatun lukemisen aikana tai kun viitataan ristiin tai Jeesukseen nimeen. Jos näin tapahtuu, on yleensä viisasta siirtyä suoraan arvovaltaisten käskyjen lausumiseen.

Jos ihminen ei menetä itsehillintäänsä, häntä tulisi rohkaista tunnustamaan ne synnit, jotka Pyhä Henki nostaa hänen mieleensä, ja ottamaan vastaan Jumalan anteeksiannon voima ja vapaus. Apostolien tekojen jakeessa 19:18 painotetaan sitä, että uskovat tunnustivat pahuuden tekonsa "yksityiskohtaisesti" (englanninkielisen käännöksen mukaan, suom. huom.). Vapauttamistilanteessa Jumalan palvelijoiden tulisi julistaa Jumalan anteeksiantoa autettavalle henkilölle ja auttaa tätä perin juurin ymmärtämään sen, että hän on saanut syntinsä anteeksi.

Jos tässä vaiheessa on mahdollista, tulisi hävittää kaikki kirjat, esineet tai vaatteet, jotka liittyvät niihin demonisiin

Palveleminen Hengessä

toimintatapoihin, jotka tunnustettiin ja saatiin anteeksi. Jos se ei heti ole mahdollista, tulisi tehdä päätös, että ne hävitetään heti ensimmäisen tilaisuuden tullen.

Tässä vaiheessa vapauttamistilanteessa palvelevien tulisi myös erityisen tarkasti kuunnella, mitä Pyhä Henki haluaa autettavan ihmisen tilan olosuhteista vielä paljastaa. Tällainen asia saattaa olla vaikkapa jokin tietty synti, jokin tietty traumaattinen tapahtuma tai jopa jokin tietty yhteys demoniseen todellisuuteen, joka on muodostunut jonkin okkultistisen toiminnan kautta. Joskus tällainen tieto on välttämätön ihmisen vapauden ja vapautumisen kannalta.

Arvovaltaiset käskyt
Jos riivaaja reagoi Kristuksen läsnäoloon tai jos on selvää, että jokin riivaaja täytyy ajaa ulos, tulisi lausua muutamia arvovaltaisia käskyjä. Nämä käskyt annetaan Jeesuksen nimissä: täytyy olla selvää, että vain hän on se, joka karkottaa riivaajia – vapauttamistilanteessa palvelevat ihmiset ovat ainoastaan hänen edustajiaan. Tämän vuoksi myöskään millään erityisillä eleillä, sanoilla, paikoilla, vaatteilla tai esineillä ei ole mitään merkitystä. Kristus asettuu vastatusten pahan voimien kanssa maallisen ruumiinsa kautta, emmekä me voi tehdä muuta, eikä meidän tarvitsekaan tehdä muuta, kuin olla tuossa tilanteessa ja puhua Jumalan käskyjä "Jeesuksen nimessä".

Jotkut hengelliset johtajat pitävät tärkeänä lausua Herran rukousta tai nauttia ehtoollista riivaajien ulosjamistilanteissa. Toiset taas ajattelevat, että Pyhä Henki tarvitsee jonkin erityisen kutsun, jotta hän saapuisi tilanteeseen. Jotkut jopa vertauskuvallisesti roiskivat verta ympäriinsä. Monet ovat myös tiukasti sitä mieltä, että vain jotkut harvat ja valitut voivat palvella vapauttamistoiminnassa. Raamatussa ei kuitenkaan opeteta mitään erityisiä tekniikoita.

Menneisyydessä tehtyjen virheiden tähden jotkut seurakunnat ovat pitäneet viisaana laatia joitakin sääntöjä koskien riivaajien ulosajamistoimintaa, ja näitä tulisi tietenkin kunnioittaa. Kuitenkin jokainen uskova, joka on Kristuksessa

Ihmisten vapauttaminen nykyään

ja joka on voideltu Pyhällä Hengellä, voi julistaa ja pystyy julistamaan käskyjä riivaajien karkottamiseksi.

Seuraavat ovat ainoastaan yksinkertaisia ohjenuoria "ulosajamis"-tilanteisiin. Kaikista tärkein asia on kuunnella ja totella Pyhää Henkeä.

Riivaaja voidaan sitoa tai sitä voidaan nuhdella seuraavan kaltaisilla sanoilla:

> *"Sidon teidät, jokaisen pahan hengen, Jeesuksen Kristuksen, meidän Herramme, nimessä ja Pyhän Hengen voimalla. Käsken teitä olemaan hiljaa ja rauhassa."*

Riivaajat pyrkivät usein saamaan aikaan häiriötä ja epäselvyyttä, mielen mustumista tai väsymyksen tunnetta. "Sitominen" estää tällaista tapahtumasta tai pysäyttää sen, jos se on jo alkanut. Se myös estää riivaajaa vahingoittamasta autettavaa ihmistä ja vaikuttamasta vapauttamistilanteessa palveleviin henkilöihin.

Riivaajaa voidaan käskeä poistumaan sanomalla jotakin seuraavan kaltaista:

> *"Käsken teitä jokaista pahaa henkeä Jeesuksen Kristuksen, meidän Herramme, nimessä ja Pyhän Hengen voimalla lähtemään tästä ihmisestä, jota olette pitäneet vankinanne."*

Saattaa olla tarpeen toistaa nämä käskyt useampaan kertaan, kuten Jeesus teki Gerasan alueen riivatun kohdalla.

Jos ihminen ei tämän jälkeenkään ole saanut takaisin kykyään hallita itseään, saattaa olla hyödyllistä lukea joitakin tilanteeseen sopivia raamatunjakeita, julistaa Jumalan lupauksia uudelleen, huutaa Jeesuksen puoleen, että hän vapauttaisi autettavan ihmisen, ja rukoilla kielillä lyhyen aikaa ennen kahden edellä mainitun yksinkertaisen käskyn toistamista.

Palveleminen Hengessä

Jos tämänkään jälkeen ei mitään muutosta ole tapahtunut, saattaa olla tarpeen käskeä riivaajaa antautumaan määräämällä se paljastamaan luontonsa. Tämä on usein vaihe, jossa tilanteessa palvelevien henkilöiden tulee olla erityisen tarkkoina sille, mitä Pyhä Henki paljastaa autettavan ihmisen tilasta. Joskus vapautuminen ei tapahdu, ennen kuin taustalla vaikuttavat asiat on paljastettu ja selvitetty. Saattaa olla, että tarvitaan syvempää parannuksen tekemistä, sanoutumista irti demonisista yhteyksistä tai anteeksiantamista niille, jotka ovat tehneet syntiä autettavaa ihmistä kohtaan.

Kun mikä tahansa tällainen asia on käsitelty, saattaa olla tarpeen toistaa vapauttamiskäskyt nimeämällä riivaajan luonne. Voidaan esimerkiksi sanoa jotakin seuraavan kaltaista:

"Jeesuksen Kristuksen nimessä ja Pyhän Hengen voimalla käsken sinua paha henki, joka saat tämän ihmisen satuttamaan itseään, lähtemään hänestä."

Jotkut hengelliset johtajat opettavat, että meidän tulisi aina kieltää riivaajaa palaamasta, ja toiset taas käskevät aina pahaa henkeä menemään helvettiin tai tuliseen järveen. Jos koetaan tarvetta ohjata riivaajaa jollakin tavalla, on luultavasti parasta sanoa jotakin seuraavan kaltaista:

"Jätän sinut Jeesukselle Kristukselle, jotta hän voi tehdä sinulle niin kuin hyväksi näkee."

Jälkihoito
Jeesuksen sanat Luukkaan evankeliumin jakeessa 8:39 ovat ainoa jälkihoito, joka Uudessa testamentissa mainitaan vapauttamistoiminnan yhteydessä. Teemme hyvin, jos toistamme ne. Luukkaan evankeliumin jakeissa 11:24–26 mainitun mahdollisuuden vuoksi voidaan kuitenkin olettaa, että autettaville tulisi antaa joitakin hyviä neuvoja.

On ilmeisen järkevää, että meidän tulisi rohkaista palvelemiamme ihmisiä kääntymään Kristuksen puoleen ja

Ihmisten vapauttaminen nykyään

uskomaan, ottamaan kaste ja vastaanottamaan Pyhä Henki. Heitä tulisi varoittaa siitä, että saatanan hyökkäyksiä on varmasti edessä, erityisesti vanhojen heikkouksien suunnalta. Heitä tulisi myös opettaa vastustamaan kiusauksia ja julistamaan itselleen Jumalan varjelusta.

Taaskin havaitaan solutyön tarpeellisuus. Opetuslapseus on ehdottoman välttämätöntä jokaiselle uskovalle, mutta aivan erityisesti niille, joita palvellaan heidän vapauttamisekseen jostakin demonisesta toiminnasta. Solut eivät ainoastaan tarjoa mahdollisuutta opetuslapseudessa pysymiselle, vaan niissä saadaan myös kokea kovasti tarvittua sielunhoitoa ja ystävyyttä.

Mitä jos palvelemistilanne vaikutti olevan hyödytön?
Joskus emme menesty yhtään sen enempää kuin opetuslapsetkaan Luukkaan evankeliumin jakeessa 9:40. Meidän ei tulisi hävetä sen tiedostamista, ettei mitään tapahtunut, eikä meidän myöskään tulisi jättää kyselemättä Jumalalta, miksi emme menestyneet.

Saattaa olla, että autettava henkilö on syytä ohjata lääkärin vastaanotolle. Toisaalta saattaa myös olla, ettei riivaaja joutunut kohtaamaan Kristusta meidän elämästämme johtuvista syistä, jolloin me itse tarvitsemme puhdistumista synnistä, ennen kuin autettava henkilö voi vapautua.

Mikä tehottomuuden syy sitten olikin, meidän täytyy jatkaa autettavan ihmisen rakastamista, hänestä huolehtimista ja hänen vapautumisensa puolesta rukoilemista.

Riivaajan ulosajaminen uskovasta

Monet ihmiset kyselevät, voiko kristitty olla "riivaajan vallassa". Edellä todettiin jo, että ilmaus "riivaajan vallassa" ei ole sanan *daimonizomai* tarkka käännös. Se synnyttää vaikutelman hallinnasta ja omistajuudesta, vaikka *daimonizomai* tarkoittaa "riivaajan vaivaamaa".

On selvää, ettei kukaan, joka kuuluu Kristukselle, voi olla paholaisen hallinnan alla. Jotkut elämänalueemme saattavat

Palveleminen Hengessä

kuitenkin joutua demonisen vaikutusvallan alle – mutta vain, jos annamme sen tapahtua. Joissakin tapauksissa saattaa olla välttämätöntä, että uskova vastaanottaa vapauttamista, johon liittyy riivaajan ulosajamista.

Vaikka vapauttamistoiminta saattaakin toisinaan olla välttämätön apu joillekin uskoville, jotta he pääsisivät täysin vapaiksi joistakin tietyistä synnillisistä tavoistaan, "ulosajamis"- toiminta ei koskaan ole ratkaisu tavallisiin synnillisiin tapoihin ja lihallisiin haluihin. Kohdat Room. 8:12–13 ja Ef. 4:17–32 osoittavat, ettei tällaisia asioita voida "ajaa ulos" – ne täytyy "laittaa pois", "kuolettaa", "ristiinnaulita".

Riivaajan ulosajaminen saattaa kuitenkin olla tarpeellista, jos kyseiseen synnilliseen tapaan tai tilaan liittyy jokin epäluonnollinen – hengellinen tai yliluonnollinen – ulottuvuus ja jos "tavalliset" kristilliset pyhityksen harjoitteet eivät ole riittäneet antamaan vapautta.

Jotkut hengelliset johtajat ovat sitä mieltä, että tällainen vapauttamistoiminta on aina tarpeetonta ja epäraamatullista. He pitävät kiinni siitä, että uskovat ovat Kristuksessa ja Hengessä, joten ei ole mahdollista, että muodostuisi sellainen tilanne, jossa riivaajan ulosajaminen olisi tarpeen.

Efesolaiskirjeen jakeissa 2:1–3 kuvataan, millaisia me olimme ennen kuin uskoimme Jeesukseen. Olimme kuolleita Jumalalle ja eläviä maailmalle, lihalle ja paholaiselle. Nyt olemme kuitenkin eläviä Jumalalle ja kuolleita maailmalle, lihalle ja paholaiselle. Meidät on yhdessä Kristuksen kanssa asetettu taivaallisiin – olemme vapautettuja ja pelastettuja.

Laillinen asemamme Kristuksessa ei kuitenkaan automaattisesti kuvaa *tämänhetkistä kokemustamme* Kristuksessa. Kaikkien meidän elämissämme on monia asioita, jotka eivät sovi yhteen taivaallisen asemamme kanssa, ja aivan kuten meidän täytyy ottaa omaksemme jokainen siunaus, joka on laillisesti meidän Kristuksessa, meidän täytyy myös ottaa omaksemme kokemus vapaudesta demonisista vaikutuksista.

Jos uskova ei omista omalle kohdalleen tätä vapautta – tai jos hän on antanut saatanalle mahdollisuuden vaikuttaa

Ihmisten vapauttaminen nykyään

jollakin tavalla elämäänsä synnin, välinpitämättömyyden tai tottelemattomuuden kautta – on olemassa se mahdollisuus, että riivaaja saattaa saavuttaa sen asteisen vaikutusvallan uskovan elämässä, että se täytyy ajaa ulos.

Kohdat Ap. t. 19:10–20; 1. Kor. 10:14–22, 12:1–3; Gal. 4:9, 5:19–21, Ef. 4:26–27; Kol. 2:8; 1. Tim. 4:1; 2. Tim. 2:25–26 ja 1. Piet. 5:8 kaikki antavat ymmärtää, että on mahdollista, että uskovan elämän jokin osa-alue saattaa joutua enemmän tai vähemmän demonisen vaikutusvallan alle.

Täytyy kuitenkin pitää mielessä, ettei yksikään riivaaja, ei edes itse saatana, voi koskaan saada täydellistä, absoluuttista tai lopullista hallintaa kenenkään kristityn uskovan elämästä.

Varjelus

Luukkaan evankeliumin jakeen 10:19 lupaus on hyvin arvokas, mutta sillä on merkitystä ainoastaan, jos todella on olemassa pahoja olentoja, joiden päämäärä on satuttaa niitä, jotka ovat sitoutuneet tehtäväänsä.

Psalmit 91, 124 ja 125 opettavat, että Jumala todellakin pitää meidät turvassa. Tämä varjelus on kuitenkin luvattu hyökkäysten keskellä, se ei ole varjelusta hyökkäyksiltä. Efesolaiskirjeen jakeessa 6:17 mainitaan pelastuksen kypärä, jonka Jumala antaa meidän suojaksemme, mutta on hyvä ymmärtää, että kypärät ainoastaan vähentävät iskujen tehoa – ne eivät estä iskujen mahdollisuutta. Tätä käsitellään laajemmin kirjan *Toimiva rukous* osassa 7.

Lopuksi meidän täytyy ymmärtää, että vapauttamistoiminta ei ole riippuvaista siitä, kuinka paljon tiedämme riivaajista, vaan siitä, tunteeko Kristus meidät. Se on riippuvaista heikoista ja erehtyvistä uskovista, jotka tietävät, että heidän Kristuksensa on taistellut ja voittanut ratkaisevan taistelun saatanaa vastaan; jotka tietävät, että yhdessä Kristuksen kanssa he ovat osallisia tuosta voitosta; ja jotka ovat joka hetki valmiita palvelemaan Pyhän Hengen voimassa ympärillään olevia kärsiviä ihmisiä.

Osa 10

Profeetallisella arvovallalla puhuminen

Parantamisen ja vapauttamisen lisäksi Jeesus myös palveli tiettyjä miehiä ja naisia julistamalla omalla profeetallisella arvovallallaan joko Jumalan siunausta tai Jumalan tuomiota heille – ja näin hän myös opetti opetuslapsiaan toimimaan osana palveluksen työtään Hengessä.

Mitä on Jumalan siunaus?
Heprean kielen siunaamista tarkoittava sana on *barak*, ja sitä vastaava nimisana on *berakah*. Niiden päämerkitys on "joku polvistuu antamaan vaurautta". Vastaava sana Uuden testamentin puolella on *eulageo*, joka tarkoittaa "puhua hyvää jostakin henkilöstä".

Sanat *ahere* ja *makarios*, jotka ovat heprean ja kreikan kielen "onnellista" tarkoittavat sanat, on joissakin raamatunkäännöksissä käännetty sanalla "siunattu", mutta ne kuvaavat siunauksen aikaansaannosta pikemmin kuin itse siunausta.

Jumalan siunaus voidaan määritellä "Jumalan nimen arvovallalla ääneen lausutuiksi sanoiksi, jotka tuovat käsin kosketeltavan, fyysisen, aineellisen tai hengellisen hyödyn jollekin yksilölle, perheelle, kansalle tai seurakunnalle – sellaisen hyödyn, joka saattaa jopa jatkua sukupolvelta sukupolvelle".

Jumalan siunaus
Toisen Mooseksen kirjan jakeissa 20:4–6 esitellään mustasukkainen Jumala, joka rankaisee kolmanteen ja neljänteen suku-

Palveleminen Hengessä

polveen mutta joka myös osoittaa laupeutta niille, jotka rakastavat häntä – tuhanteen sukupolveen.

Viidennen Mooseksen kirjan jakeet 7:7–15 jatkavat edellisten jakeiden pohjalta. Jumalan tuomio tai kirous on rajattua, mutta hänen siunauksensa on rajatonta. Hän on uskollinen ja luotettava. Hänen siunauksensa on lakkaamatonta. Kohdat 5. Moos. 5:8–10; Neh. 9:17–37; Ps. 86:15 ja Jaak. 1:17–18 paljastavat, millainen Jumalamme luonne on – Jumalan, joka siunaa.

Jumala lausui ensimmäisen siunauksensa kaloille ja linnuille 1. Mooseksen kirjan jakeissa 1:21–22. Tästä voidaan päätellä, että Jumalan siunauksen keskeisiä piirteitä ovat hedelmällisyys ja moninkertaistuminen – fyysinen lisääntyminen monina lapsina ja hengellinen lisääntyminen, jotta maa voisi täyttyä Jumalan lapsilla.

Jumala siunasi ihmiskuntaa tällaisella tavalla 1. Mooseksen kirjan jakeissa 1:28, 5:2 ja 9:1. Tästä Jumalan siunauksen puolesta voidaan lukea läpi koko Raamatun, ja se jatkuu vielä nykyäänkin. Onko oma paikallisseurakuntani siunattu? Kantaako se hedelmää ja saako se aikaan moninkertaistumista? Nämä kaksi kysymystä kysyvät samaa asiaa. Raamatun mukaan olemme joko siunattuja, mikä näkyy moninkertaistumisena, tai olemme tuomion alaisia, mikä näkyy kyvyttömyytenä moninkertaistua.

Abrahamin tarina opettaa paljon Jumalan siunauksesta. Kohta 1. Moos. 11:27–12:9 vaikuttaa viittaavan siihen, että siunaus olisi voinut kuulua Terahille, mutta koska hän päätti jäädä Harraniin, seitsenkertainen siunaus, josta kerrotaan jakeissa 12:1–3, ilmoitettiinkin hänen 75-vuotiaalle pojalleen. Kaksikymmentäviisi vuotta myöhemmin, jakeissa 17:15–22, siunaus laajeni Saaraan, ja Abraham pyysi, että se voisi koskea myös Ismaelia.

Jumala siunasi Ismaelia fyysisesti hedelmällisyydellä ja moninkertaistumisella, mutta hän ei suostunut antamaan Ismaelille hengellistä siunausta. Vanhassa testamentissa Jumalan fyysiset siunaukset olivat vapaasti ihmisten saatavilla,

Profeetallisella arvovallalla puhuminen

mutta Jumalan hengelliset siunaukset tulivat vain niiden osaksi, jotka hän valitsi.

Viidennen Mooseksen kirjan kohdissa 8:13–15 ja 28:1–14 luetellaan hedelmällisyys, terveys, voitto, vauraus, hyvä maine, rauha perheessä ja menestys klassisina Vanhan testamentin todisteina Jumalan siunauksesta. Yleinen armo tarkoittaa, että nämä kuuluivat myös ei-uskoville, mutta lisäksi ne olivat erityisiä jumalallisia palkkioita kuuliaisuudesta laille.

Tiedämme, että Kristuksessa meille on avattu ovi siihen, että voimme kokea siunauksia vailla määrää. Jumala kuitenkin päättää, mitkä tietyt aineelliset tai ruumiilliset siunaukset hän antaa jollekin henkilölle tai perheelle. Vaikka siunaustemme määrä määräytyykin sen mukaan, kuinka kuuliaisia olemme, ainoastaan Jumalan tahdon mukaan määräytyy se, minkälaisia *aineellisia* siunauksia saamme kokea.

Hengelliset siunaukset sen sijaan ovat vapaasti saatavilla Kristuksessa. Efesolaiskirjeen jakeet 1:4–14 osoittavat, että hengelliset siunaukset tulevat Hengeltä tai että Henki saa ne aikaan. Kyseisissä jakeissa luetellaan valinta, pyhyys, eläminen Jumalan läsnäolossa, tuleminen Jumalan lapseksi, armon lahja, anteeksiannon tuoma vapaus, ilmestys ja pelastus. Jakeissa 13–14 myös paljastetaan, että Pyhä Henki itse on ikuisen jumalallisen siunauksen perintöosamme sinetti nykyhetkessä.

Vaikuttaa siltä, että Jumala koettelee ne, joita hän on päättänyt siunata, mutta vain siksi, että hän voisi lisätä heidän siunaustensa määrää. Ensimmäisen Mooseksen kirjan luku 22 on osoitus sekä Abrahamin että Iisakin uskosta. Koska he olivat kuuliaisia uskossaan, Jumala vuodatti siunauksiaan Abrahamille jakeissa 16–18 ja Iisakille jakeessa 25:11.

Myös Jaakob halusi Jumalan siunauksen, mutta koska hän koetti saada sen väärällä tavalla, Jumala ei vapaaehtoisesti siunannut häntä. Vasta kun Jaakob oli nöyrtynyt ja anonut jumalallisen siunauksen saamista, Jumala vastasi hänelle 1. Mooseksen kirjan jakeessa 32:29. Tähän vastaukseen viitataan jakeessa 48:4, ja sen täyttymys löytyy jakeesta 2. Moos. 1:7. Hengellinen siunaus siirtyi 1. Mooseksen kirjan jakeissa 39:2–

Palveleminen Hengessä

6 ja 41:52 Joosefille ja sen jälkeen Israelin kansalle. Viidennen Mooseksen kirjan jakeissa 7:7-16 selvitetään, miksi juuri juutalaiset valittiin saamaan tämä erityinen siunaus.

Lopuksi hengellinen siunaus laajeni vielä Israelin uskovista lapsista koko Jumalan seurakunnan omaksi. (Tätä tarkastellaan kirjan *Jumalan kirkkaus seurakunnassa* osassa 6).

Jumalallisen siunauksen edellytykset

Raamatussa kerrotaan kolme edellytystä sille, että Jumala siunaisi jotakin henkilöä tai ihmisryhmää.

1. Meidän täytyy olla sellaisella paikalla, jota Jumala on valinnut siunata

Toisen Samuelin kirjan jakeet 6:9-11 havainnollistavat tätä. Jumala siunasi Obed-Edomia yksinkertaisesti siitä syystä, että hän asui siellä, minne Herran arkku hylättiin. Kohta 1. Aik. 26:4-8 paljastaa, kuinka valtava tuo siunaus olikaan.

Vanhassa testamentissa Jumalan hengelliset siunaukset kuuluivat ainoastaan niille, jotka olivat liittosuhteessa hänen kanssaan. Jumalan Uuden testamentin siunaukset taas kuuluvat ainoastaan niille, jotka ovat uudessa liitossa – siis Kristukseen uskoville. Jumalan siunaus ei ole niiden ihmisten saatavilla, jotka eivät elä oikealla paikalla – niiden, jotka eivät ole Hengessä ja Jeesuksessa Kristuksessa.

2. Täytyy olla uskon aikaansaamaa kuuliaisuutta, jonka juuret ovat rakkaudessa

Kohdat 5. Moos. 7:7-11, 28:1-14, 30:15-20 ja Joh. 14-16 tekevät tämän selväksi. Johanneksen evankeliumin luvuissa 14-16 punotaan yhteen rakkaus, kuuliaisuus ja siunaus, joiden kaikkien huipentuma on ihana hengellinen siunaus: lupaus siitä, että saamme lahjaksi Pyhän Hengen.

3. Köyhien oikeanlainen kohteleminen

Tämä yhteys on ensimmäisen kerran esitelty kohdassa 5. Moos. 15:4-18, ja 5. Mooseksen kirjan kohdissa 23:19-20 ja 24:14-22

Profeetallisella arvovallalla puhuminen

kyseistä periaatetta vielä laajennetaan. Ei ole ainoastaan väärin suhtautua piittaamattomasti köyhiin, halveksittuihin, leskiin, orpoihin ja muukalaisiin, vaan se on myös typerää ja haitallista. Tähän viitataan myös kohdissa Ps. 41:1–2; Sananl. 11:24–26; Jes. 58:6–12; Luuk. 12:33 ja 1. Tim. 6:18–19. Kohdissa Sananl. 22:9; 2. Kor. 9:6–15 ja Matt. 25:31–46 se todetaan selvästi, ja Apostolien tekojen kohdissa 2:45–57 ja 6:1–7 nähdään sen paikkansapitävyys käytännön tasolla.

Jumalan tuomio

Raamattu paljastaa, että elävä Jumala iloitsee saadessaan siunata ihmisiä aina tuhanteen sukupolveen asti mutta että hän tuomitsee tai "kiroaa" kolmanteen polveen asti, kun siihen on oikeutettu syy. Vanhassa testamentissa Jumalan tuomioita ihmisille tai kansoille kutsuttiin yleisesti "kirouksiksi".

Ensimmäisen Mooseksen kirjan luvun 3 jakeissa 14–15, 16 ja 17–19 kerrotaan Jumalan ensimmäisestä kolmesta tuomiosta tai kirouksesta ja osoitetaan, ettei Jumala tuomitse ilman syytä. Käärme kirottiin, koska se oli vietellyt Eevan. Nainen kirottiin, koska hän ei ollut totellut Jumalaa, ja Aadam kirottiin, koska hän oli kuunnellut vaimoaan ja syönyt kielletyn puun hedelmää.

Käärmeelle langetettu kirous asettaa ihmiskunnan vastakkain paholaisen kanssa, antaa viitteen Jumalan lopullisesta voitosta ja paljastaa ensimmäisen väläyksen pelastuksesta. Aadamille ja Eevalle langetetut kiroukset taas saavat aikaan tiettyjä asioita: naisen täytyy kärsiä äitinä ja vaimona ja miehen leivän hankkijana. Jakeessa 19 näihin rangaistuksiin lisätään vielä kuolema ja jakeessa 23 Jumalan ja ihmisen välisen läheisyyden menettäminen.

Nämä ensimmäiset kiroukset ovat pysyviä ja periytyviä. Roomalaiskirjeen luvussa 5 annetaan ymmärtää, että olemme yhtä lailla osallisia pelastavaan Kristukseen kuin olemme syntiseen Aadamiin. Nämä kiroukset vaikuttavat vielä nykyäänkin koko ihmiskuntaan, ja ne lakkaavat olemasta vasta, kun Ilmestyskirjan jakeen 22:3 päivä koittaa.

Palveleminen Hengessä

Kaikki muut Jumalan tuomiot tai kiroukset tulivat jonkun tietyn ihmisen, tietyn kansan tai joidenkin tiettyjen perheiden osaksi. Vanhassa testamentissa voidaan tunnistaa seitsemän pääsyytä sille, miksi Jumala kirosi näitä kyseisiä ihmisiä.

Antisemitismi

Ensimmäisen Mooseksen kirjan jakeissa 12:1-3 antisemitismi nimetään yhdeksi pääsyyksi. Läpi historian monet sellaiset kansat, jotka ovat vastustaneet eri Abrahamista juontuvia kansanryhmiä, ovat lopulta epäonnistuneet huolimatta niiden näennäisestä sotilaallisesta ylivoimastaan ja alkuaikojen menestyksestään.

Jakeessa 1. Moos. 12:3 käytetään kahta niistä kolmesta tavallisesta heprean kielen verbistä, jotka tarkoittavat "kirota". Jumala *arar*-kiroaa niitä, jotka *qalal*-kiroavat Abrahamia.

- *Arar* tarkoittaa kirota läpikotaisin ennalta suunnitellulla tavalla ja niin, että tarkoituksena on saada aikaan suurta vahinkoa. Se esiintyy Vanhassa testamentissa 54 kertaa, ja sitä käytetään yleensä vain Jumalan antamasta tuomiosta tai kirouksesta.

- *Qalal* tarkoittaa herjata tai parjata välinpitämättömästi, ei pitää lähes missään arvossa, sanoa halventavia asioita tai vähätellä.

- *Qabab* on kolmas heprean kielen "kiroamista" tarkoittava verbi, jota Vanhassa testamentissa käytetään. Se tarkoittaa lävistää, porata reikä läpi, halveksia suuresti tai puukottaa jotakuta sanoilla.

Näistä viimeisen siirtokirjoitusasua *kebab* on sittemmin alettu käyttää yleisestä demonisesta toiminnasta, jossa pistellään neuloja jotakin ihmistä esittävään nukkeen tämän satuttamiseksi onnettomuudella, sairaudella, tuholla tai jopa kuolemalla. Vanhassa testamentissa *qabab*-kirous on heikompi kuin *arar*-kirous mutta vahvempi kuin *qalal*-kirous.

Profeetallisella arvovallalla puhuminen

Väärät uskonnot

Viidennen Mooseksen kirjan jakeissa 27:15–26 paljastetaan useita sellaisia syitä, jotka saivat Jumalan tuomitsemaan kansansa Vanhassa testamentissa. Ensimmäinen näistä syistä (ks. j. 15) oli se, jos ihmiset kääntyivät pois Jumalan palvomisesta ja alkoivat seurata epäjumalia tai osallistua vääriin uskontoihin tai pahoihin toimintatapoihin.

Tämä ei tarkoittanut sitä, että Jumala olisi katkaissut liittosuhteensa niihin, joita hän kirosi, mutta nämä ihmiset kyllä menettivät joitakin taivaallisia palkkioitaan, eivätkä he myöskään enää saaneet nauttia kaikista Jumalan siunauksista maan päällä: heidän elämästään tuli tietyssä määrin kurjaa ja hankalaa.

Muita syitä

Muihin tekoihin, jotka 5. Mooseksen kirjan luvun 27 mukaan saavat Jumalan kiroamaan kansansa, kuului oman äidin tai isän *qalal*-kiroaminen. Kohdat 2. Moos. 21:17, 3. Moos. 20:9 ja Sananl. 20:20 osoittavat, kuinka vakavasta asiasta on kyse, ja Jeesuskin lainasi kyseisiä kohtia Markuksen evankeliumin jakeissa 15:4 ja 7:10.

Lähimmäisten kaltoinkohtelu, väärä asenne haavoittuvia kohtaan, eläimiin sekaantuminen, insesti tai murha, osallistuminen pahuuden tai okkultistiseen toimintaan – kaikkien näiden tekojen tähden Jumalan lapset joutuivat Jumalan *arar*-kirouksen alle Vanhassa testamentissa.

Tottelemattomuus

Viidennen Mooseksen kirjan jae 27:26 paljastaa pohjimmaisen syyn sille, mikä määritteli Jumalan Israelille antaman tuomion laadun: israelilaisten siunaus ja kirous määräytyivät heidän kuuliaisuutensa perusteella. Joko he tottelivat Jumalaa ja saivat siunauksen, tai he eivät totelleet Jumalaa ja saivat kirouksen. Kohdat 2. Aik. 34:22–28 ja Jer. 11:1–12, 17:5–8 ja 29:16–23 osoittavat, että tottelemattomuus oli Jumalan kirouksen pääasiallisin syy.

Palveleminen Hengessä

Jeremian kirjan jae 48:10 taas osoittaa, että Jumala tuomitsi myös ne, jotka tekivät hänen työtään puolisydämisesti.

Ahneus
Kohdat Joos. 6:18, Mal. 3:6–12 ja 2. Piet. 2:14 osoittavat, että ahneus (tai kateus) on toinen tärkeä jumalallisen tuomion syy. Toisen Pietarin kirjeen luvussa 2 luetellaan Jumalan vihaamien väärien opettajien piirteet, ja jakeesta 14 voidaan päätellä, että ahneus on lähellä tuon listan kärkipäätä.

Kyseisessä jakeessa käytetään tavallista kreikan kielen kirousta tarkoittavaa sanaa *katara*. Uudessa testamentissa ei erotella erilaisia kirouksen muotoja kuten Vanhassa testamentissa, vaan käytetään ainoastaan yhtä sanaa. Sana katara vastaa tarkimmin sanaa *arar* –, joka oli kaikista vahvin Vanhan testamentin kirouksista.

Jumalan nimen väärinkäyttö
Kohdat Jer. 29:23; Sak. 5:1–4 ja Mal. 2:1–9 osoittavat, että Vanhan testamentin aikaan oli edellisten lisäksi vielä yksi syy, joka sai Jumalan tuomitsemaan kansansa: hänen pyhän nimensä käyttäminen väärin. Se saattoi olla joko väärän valan vannomista Jumalan nimessä tai Jumalan nimessä puhumista ilman Jumalalta tullutta suoraa käskyä.

Viidennen Mooseksen kirjan kiroukset nykyään
Monet hengelliset johtajat opettavat, että nämä 5. Mooseksen kirjan kiroukset pätevät vielä nykypäivänkin uskovien kohdalla ja että aina, kun rikomme Mooseksen lakia, Jumala tuomitsee meidät samankaltaisella tavalla kuin hän tuomitsi myös Israelin kansan.

Kirjan *Jumalan hallintavalta* osassa 5 kuitenkin opittiin, että siitä, kun Jeesus täytti lain, alkoi uusi aikakausi. Kristillisen elämän hallitseva periaate ei ole alaisuus juutalaiselle laille vaan elävä suhde Jeesuksen kanssa. Matteuksen evankeliumin jakeet 28:18–20 osoittavat, että meidän tulee elää Jeesuksen sanojen mukaan, ei Vanhan testamentin lain vaatimusten mukaan. Tätä painotetaan myös vahvasti Galatalaiskirjeen jakeissa 2:11–3:29, jotka tekevät erittäin selväksi, ettei pakanauskovia ole kutsuttu elämään lain alla. Galatalaiskirjeen jakeiden 3:13–14 vapauttava totuus on, että: "Kristus on lunastanut meidät lain kirouksesta... että Abrahamin siunaus tulisi Jeesuksessa Kristuksessa pakanain osaksi" (v. 1938 käännös).

Tämä tarkoittaa meidän iloksemme sitä, ettei yksikään 5. Mooseksen kirjan kirouksista koske meitä, mutta että kaikki siunaukset ovat täysin avoinna meille. Tämä ei tarkoita, etteikö Jumala koskaan tuomitsisi meitä synneistämme. Ensimmäisen Korinttolaiskirjeen jakeet 11:28–36 osoittavat, että Herran rangaistuksen seurauksena monista niistä, jotka olivat "Kristuksessa", oli tullut heikkoja ja sairaita ja osa oli jopa kuollut. Ananiaksen tuomitseminen Apostolien tekojen luvussa 5 on varmasti kaikista vakavin tällainen esimerkki.

Armossaan Jumala ei kuitenkaan kiroa meitä silloin, kun rikomme lakia. Sen sijaan hän rankaisee meitä silloin, kun jossakin synnissä elämisestä tulee meille tapa – se on hänen pyhä tapansa hellävaraisesti rohkaista meitä palaamaan luokseen.

Vaikka Jumala tuomitsisi meidät jonkin synnin tähden, pääsemme silti kuollessamme taivaaseen. Kuten Ananias, mekin saatamme saapua taivaaseen hieman suunniteltua aiemmin tai saatamme menettää joitakin taivaallisia palkkioitamme tai joutua kokemaan kurjia aikoja maan päällä –, mutta liittosuhteemme ei kuitenkaan rikkoudu. Olemme silti yhä Jumalan ikuisia lapsia.

Uskovat siunaajina

Meidät on Raamatussa kutsuttu sekä siunaamaan Jumalan nimeä että siunaamaan muita ihmisiä Jumalan nimessä. Etenkin Psalmit ovat täynnä kehotuksia siunata Jumalaa, ja niissä annetaan monia käytännön ohjeita siitä, mitä tuo siunaaminen tarkoittaa.

Palveleminen Hengessä

Asian selvittämisen lähtökohdaksi sopivat hyvin Psalmit 16, 66, 68, 103, 135 ja 145. Tässä kohtaa ei kuitenkaan keskitytä tutkimaan niitä tapoja, joilla me voimme siunata Jumalaa, vaan tarkastellaan pikemminkin niitä siunauksia, jotka vastaanotetaan Jumalalta ja joilla palvellaan Hengessä muita ihmisiä.

Siunaamme muita ihmisiä julistamalla profeetallisesti Jumalan siunauksia. Kun välitämme muille ihmisille Jumalan siunauksia Jeesuksen nimessä ja hänen arvovallallaan, Hengen voimassa ja Hengen kehotuksesta, meidän voidellut, arvovaltaiset ja profeetalliset sanamme tuovat esiin käsin kosketeltavan, fyysisen, aineellisen tai hengellisen hyödyn sille henkilölle tai niille henkilöille, jota/joita siunaamme.

Raamattu on täynnä esimerkkejä tilanteista, joissa joku siunaa/jotkut siunaavat toista ihmistä/toisia ihmisiä. Vaikuttaa siltä, että kyseisissä tilanteissa molemmat osapuolet aina odottivat siunauksen saavan myös aikaan jotakin käsin kosketeltavan todellista – ja että molemmat osapuolet olisivat olleet hämmästyneitä, jos heille olisi vihjattu, että he vain lausuivat tyhjiä sanoja tai vaihtoivat vertauskuvallisia tervehdyksiä.

- ◆ Nooa siunaa Seemin ja Jafetin – 1. Moos. 9:26–27.
- ◆ Melkisedek siunaa Abrahamin – 1. Moos. 14:19–20.
- ◆ Rekekan äiti ja veli siunaavat hänet – 1. Moos. 24:60.
- ◆ Jaakob toivottaa faaraolle siunausta – 1. Moos. 47:10.
- ◆ Mooses siunaa israelilaiset – 2. Moos. 39:43.
- ◆ Joosua siunaa Kalebin – Joos. 14:13.
- ◆ Eeli siunaa Elkanan ja Hannan – 1. Sam. 2:20–21.
- ◆ David siunaa Barsillaita – 2. Sam. 19:39 (engl. käännöksen mukaan, suom. huom.).
- ◆ Kansa siunaa vapaaehtoisia – Neh. 11:2 (v. 1933 käännös).

Profeetallisella arvovallalla puhuminen

- Simeon siunaa Mariaa ja Joosefia – Luuk. 2:34.
- Jeesus siunaa pieniä lapsia – Mark. 10:16.
- Jeesus siunaa opetuslapsensa – Luuk. 24:50.

Psalmin 115 jakeissa 14–15 mainitaan lisääntymisen siunaus, ja siihen viitataan myös kohdissa 1. Sam. 2:20–21 ja 1. Moos. 24:60. Huomionarvoista on, että siunauksen jälkeen Rebekka sai kaksoset, joista molemmista sai alkunsa suuri kansa. Kun julistamme siunauksen, meidänkin tulisi odottaa samankaltaisia välittömiä ja käytännöllisiä tuloksia.

Luukkaan evankeliumin jakeissa 10:5–6 Jeesus ohjeisti opetuslapsiaan siunaamaan kaikkia asukkaita niissä kodeissa, joihin he matkansa aikana astuisivat sisään. Tuo siunaus ei ollut vain ääneen lausuttu toivotus vaan hengellinen lahja, joka joko otettiin vastaan tai torjuttiin. Johanneksen evankeliumin jakeessa 14:27 Jeesus siunasi opetuslapsia tuolla samalla siunauksella.

"Rauhan" lausuminen jollekin perheelle Hengen voimassa ei ole tyhjän muodollisuuden hokemista, vaan se on tulevan Jumalan pelastuksen ja kaiken sen mukanaan tuoman eheyden, vaurauden ja tasapainon julistamista. Jumala siunaa ihmisiä ennen kaikkea hedelmällisyydellä ja lisääntymisellä, mutta meidän lausumamme siunaukset välittävät ihmisille ensisijaisesti rauhaa.

Herran siunaus

Neljännen Mooseksen kirjan jakeet 6:22–27 ovat äärimmäisen tärkeä siunaamista koskeva raamatunkohta. Niissä kerrotaan, minkälainen oli se siunaus, jonka Jumala ilmoitti aaronilaisille papeille. Nämä käyttivät tuota siunausta sitten joka päivä Jerusalemin temppelissä täyttäessään papillista velvollisuuttaan siunata Israelin lapsia.

Kristus tuli, kuoli, nousi kuolleista, astui ylös taivaaseen ja kastoi seurakunnan Pyhällä Hengellä, jolloin seurakunnasta tuli uusi kuninkaallisten pappien kansa. Siunauksen, jonka ensin saivat lausua ainoastaan Aaronin jälkeläiset, saavat nyt ja

Palveleminen Hengessä

ikuisesti lausua kaikki, jotka polveutuvat siitä ylipapista, jonka pappeus on Melkisedekin pappeutta. Kuten Heprealaiskirjeen jae 9:11 tekee selväksi, Jeesus Kristus oli kaikkien siunausten ylipappi.

Neljännen Mooseksen kirjan luvun 6 siunaus osoittaa meille, että siunaus on julistus, ei rukous. Kun siunaamme, emme pyydä Jumalaa tekemään jotakin, vaan julistamme Jumalan siunausta suoraan palvelemamme ihmisen tai perheen elämään. Tämän vuoksi voimmekin siunata menestyksekkäästi ainoastaan niitä, joita Jumala siunaa. Jumala vahvistaa siunauksen sanamme vain, jos ne on puhuttu Hengen kehotuksesta.

Herran siunaus auttaa meitä myös ymmärtämään kolminaisuutta paremmin. Jumalan nimi, *Jahve*, toistetaan siinä kolme kertaa, ja siunaus on myös jaettu kolmeen erilliseen alaluokkaan, joista jokainen voidaan yhdistää yhteen kolmiyhteisen Jumalan persoonaan:

◆ *Jahve* siunatkoon sinua ja varjelkoon sinua,

◆ *Jahve* kirkastakoon sinulle kasvonsa ja olkoon sinulle armollinen.

◆ *Jahve* kääntäköön kasvonsa sinun puoleesi ja antakoon sinulle rauhan.

Ensimmäinen virke tuo Isän varjeluksen sen ihmisen ylle, jota ollaan siunaamassa. Jae 27 ilmoittaa sen tärkeän periaatteen, että siunauksen julistaminen on Jumalan nimen lausumista sen ihmisen ylle, jota ollaan siunaamassa.

Raamatussa nimi ei ole koskaan pelkkä nimike, vaan se ilmaisee aina kantajansa todellisen persoonallisuuden ja hänen luonteenpiirteensä. Kun Raamatussa jollekin ihmiselle annetaan jokin nimi, tuo henkilö asetetaan kyseisen nimen omistajan vaikutusvallan ja varjeluksen alle.

Merkittävä raamatullinen teema on, että varjelus on Jumalan nimen ensisijainen tehtävä – että Jumala pitää turvassa sellaisen henkilön, jonka ylle Jumalan nimi on lausuttu. Tämä havaitaan esimerkiksi kohdista 1. Kun. 8:29; Ps. 20, 44:5, 124, Sananl. 18:10 ja Joh. 17:11–12.

Profeetallisella arvovallalla puhuminen

Herran siunauksen toinen virke taas voidaan yhdistää Poikaan. Juuri Jeesus on saanut aikaan sen, että Isä kääntyy puoleemme ja hymyilee meille. Juuri Jeesuksen tähden olemme saaneet Jumalan armon ja mielisuosion. Hymyilevät kasvot ovat aina merkki suosiosta ja hyväksynnästä, ja siunauksen tämä kohta päästääkin meidät luomaan silmäyksen Jumalan anteeksiantoon.

Siunauksen kolmas virke voidaan yhdistää Pyhään Henkeen, sillä juuri hän on se, joka tuo rauhan ja saa aikaan sen, että voimme lakkaamatta pysyä Jumalan läsnäolossa. Juuri Hengessä Jumala pysyvästi paljastaa kasvonsa meille.

Kun siunaamme, julistamme Jumalan *shalom*-rauhaa – rauhaa, joka tuo mukanaan terveyttä, lepoa, turvaa, menestystä ja vaurautta. Juuri tätä rauhaa myös Jeesus käski opetuslastensa julistaa.

Käsien päälle paneminen

Vaikuttaa siltä, että käsien laskemisella ihmisen pään päälle ja kyseisen ihmisen siunaamisella on olemassa jonkinlainen raamatullinen yhteys. Esimerkiksi 1. Mooseksen kirjan jakeissa 48:13–20 Jaakob laski kätensä lastenlastensa päiden päälle siunatessaan heitä, ja myös Jeesus pani kätensä lasten päälle Matteuksen evankeliumin jakeessa 19:13.

Tilanteissa, joissa oli mahdotonta panna kädet kaikkien päälle, raamatullinen käytäntö näyttäisi olleen kohottaa molemmat kädet siunattavia ihmisiä kohti. Tämä havaitaan esimerkiksi kohdissa 3. Moos. 9:22 ja Luuk. 24:50–51.

Siunaus, jonka Jeesus julisti opetuslapsilleen taivaaseenastumisensa hetkellä, vahvistetaan Apostolien tekojen jakeissa 1:8–9. Vaikuttaa siltä, että Jeesuksen siunauksessa, jonka hän lausui kädet kohotettuina, oli kyse paitsi opetuslasten siunaamisesta myös heidän valtuuttamisestaan tiettyyn palvelustehtävään. Se muistuttaa läheisesti tilannetta, jossa Mooses siunasi ja valtuutti Joosuan (4. Moos. 28:22–23) sekä tilannetta, jossa leeviläiset siunasivat ja valtuuttivat Israelin kansan (4. Moos. 8:10–17). Apostolien

Palveleminen Hengessä

tekojen jakeessa 6:6 siunattiin ja valtuutettiin samanlaisella tavalla seitsemän diakonia ja jakeessa 13:3 Saul ja Barnabas.

Kaikkien näiden "siunaamisten ja valtuuttamisten" yhteydessä pantiin kädet siunattavien päälle, ja ne kaikki tehtiin "tiettyä aktiivista palvelustehtävää" varten pikemmin kuin siunattavien nimittämiseksi johonkin virkaan tai asemaan. Tämä valtuuttamisen ja siunaamisen välinen yhteys ei ole millään lailla yllättävää – tarvitseehan jokainen, jolle Jumala on antanut jonkun vaikean tehtävän suoritettavaksi, varmasti kaiken sen avun, mitä rauhan, turvan, hengellisen hedelmällisyyden, eheyden, vaurauden ja muiden siunaukset voivat antaa.

Jakeissa 1. Tim. 4:14 ja 2. Tim. 1:6 kerrotaan, että kun Timoteus siunattiin ja valtuutettiin palveluksen työhön, hänen päälleen laskettiin kädet. Molemmissa jakeissa viitataan lisäksi siihen, että tuolla samalla hetkellä hän sai myös jonkin armolahjan.

Koska kaikki siunaukset ovat esikuva siunauksesta saada Pyhä Henki, onkin odotettavissa, että siunaamisen, kätten päälle panemisen, Jumalan Pyhän Hengen lahjan ja armolahjojen välillä on jokin yhteys. Tämä havaitaan Apostolien tekojen kohdista 8:17–18 ja 19:6.

Siunauksen julistamiseen vaikuttaisi liittyvän kolme seikkaa.

1. Henkilön pyhittäminen Jumalalle

Kätten paneminen jonkun henkilön päälle – tai kätten kohottaminen jonkun väkijoukon ylle – kuvastaa sitä, että tuo henkilö tai nuo henkilöt pyhitetään Jumalalle. Kyseiset henkilöt annetaan Jumalalle, joka ohjaa, varjelee, varustaa ja vahvistaa heitä.

Tällaisesta pyhittämisestä, johon liittyy kätten päälle paneminen, voidaan lukea myös kohdista 4. Moos. 8:16; 2. Moos. 29:10; 3. Moos. 1:4, 4:15, 16:21 ja 4. Moos. 8:12. Kyseisissä kohdissa kädet laitettiin eläimen päälle sen pyhittämiseksi tarpeellista lyhyttä uhripalvelustaan varten. Kun me laskemme kätemme ihmisten päälle heidän siunaamisekseen, pyhitämme

Profeetallisella arvovallalla puhuminen

heidät Jumalalle samanlaisella tavalla jotakin tiettyä tehtävää varten, elävän uhrin tehtävää.

2. Jumalan ihmiselle antama siunaus

Toinen seikka on Jumalan siunauksen julistaminen siunattavan ihmisen ylle. Me voimme siunata ainoastaan niitä, joita Jumala siunaa.

Jos olemme varmoja siitä, että ihminen täyttää kolme jumalallisen siunauksen edellytystä ja että Pyhä Henki paljastaa aikovansa siunata tuota ihmistä, tulisi lausua profeetallinen julistus – esimerkiksi: "Herran rauha sinun kanssasi."

Jos emme ole varmoja siitä, täyttääkö kyseinen henkilö siunauksen jumalalliset edellytykset, on parempi lausua vetoomus siunauksen saamiseksi esimerkiksi seuraavanlaisilla sanoilla: "Herran rauha olkoon sinun kanssasi."

3. Jonkin siirtäminen ihmiseltä toiselle

Kun kädet laitettiin eläinten päälle niiden pyhittämiseksi uhripalvelusta varten, ihmisten synnit siirrettiin vertauskuvallisesti noiden eläinten ylle. Jotakin samankaltaista vaikuttaisi tapahtuvan myös siunaamisen yhteydessä. Yleensä voimme siunata muita ainoastaan sellaisella erityisellä siunauksella, jonka olemme ensin itse saaneet kokea.

Kun edellä mainitut Vanhan testamentin kohdat luetaan huolellisesti läpi, voidaan havaita, että Vanhan testamentin uskovat siunasivat yleensä muita siksi, että nämä voisivat saada jotakin sellaista, jonka he itse jo olivat saaneet kokea, tai edes osan siitä. Tämän vuoksi he myös odottivat menettävänsä itse jotain tuon siunaamisen seurauksena.

Uudessa testamentissa ne, jotka olivat saaneet Jumalan rauhan, olivat myös niitä, jotka julistivat sitä, ja ne, joita oli siunattu Pyhällä Hengellä, olivat niitä, jotka auttoivat myös muita vastaanottamaan Hengen ja niin edelleen.

Palveleminen Hengessä

Siunaus nykyään

Jumalan siunauksia voidaan julistaa lähes kaikissa jumalanpalveluksissa. Mahdollisuus siunauksen saamiselle voidaan antaa sellaisille ihmisille, joilla on erityinen tarve saada rauhaa, eheyttä, vaurautta, hedelmällisyyttä tai muuta vastaavaa.
Esimerkkejä:

- Joko johtajien tai sitten sellaisten ihmisten, jotka ovat itse saaneet kokea juuri sitä jumalallisen siunauksen puolta, jota palveltava ihminen kaipaa, tulisi laskea kätensä palveltavan ihmisen päälle ja antaa hänet Jumalan käsiin.

- Heidän tulee vedota siihen Jumalan paljonpuhuvaan nimeen, joka sopii juuri tuohon kyseiseen tilanteeseen ja tarpeeseen – esimerkiksi "kaiken rauhan Jumala", "Jumala, joka ohjaa", "Jumala, joka varjelee" jne. – ja siunata kyseistä ihmistä tuossa nimessä.

- Uskovat, jotka ovat ryhtymässä tekemään jotakin erityistä työtä Jumalalle seuraavien päivien aikana, voidaan valtuuttaa ja siunata tehtäväänsä.

- Opinahjoihinsa palaavat opiskelijat, naapureitaan auttavat naiset, ihmiset, jotka ovat kutsuneet ei-kristittyjä ystäviään kylään luokseen, mies, joka on menossa rukoilemaan sairaan ystävänsä puolesta – kaikkien näiden ihmisten päälle voidaan laskea kädet heidän pyhittämisekseen palvelustehtäväänsä varten ja jotta he voisivat saada Pyhältä Hengeltä avun tehtävänsä suorittamiseksi.

Tällainen siunaaminen on vähintäänkin merkki siitä, että näiden ihmisten palvelustehtävä nähdään paikallisseurakunnan tekemänä työnä eikä ainoastaan kyseisten yksittäisten ihmisten itsenäisesti tekemänä työnä. Parhaimmillaan se varustaa kyseiset henkilöt palvelemaan erityisen tehokkaasti.

Joissakin seurakunnissa siunataan ihmisiä tämänkaltaisella tavalla ilman, että asiaa on edes tiedostettu. Niissä kutsutaan

Profeetallisella arvovallalla puhuminen

ihmisiä tulemaan eteen "palveltaviksi", millä tarkoitetaan sitä, että eteen tulevien ihmisten päiden päälle lasketaan kädet ja heidän puolestaan rukoillaan heidän senhetkinen tarpeensa huomioiden. Tämä ei eroa paljoakaan siunausten julistamisesta. Ainoa ero on se, että kun julistetaan Jumalan siunausta, ei ainoastaan lausuta lyhyttä vetoavaa rukousta, vaan kuunnellaan lisäksi tarkasti Henkeä, koetellaan hänen kehotuksensa ja lausutaan sitten hänen profeetallinen julistuksensa.

On selvää, että siunaamista voidaan tehdä muuallakin kuin vain kristillisissä kokouksissa. Lähes kaikki Raamatun siunaamisesimerkit ovat tilanteita, joissa siunaaminen tapahtui yksityisten keskustelujen tai henkilökohtaisten palvelemistilanteiden yhteydessä. Tällaisesta meidänkin täytyy saada lisää kokemusta ja varmuutta.

On tärkeää, että rukoilemme Jumalalta viisautta ja johdatusta, ennen kuin siunaamme jotakin ihmistä. Meidän tulee aina määritellä siunaus tarkasti, lausua se uskossa, laskea kätemme, vedota Jumalan nimeen ja – ennen kaikkea – puhua vain ne sanat, jotka Henki meille antaa sanottaviksi.

Kuten muidenkin edellä käsiteltyjen palvelemisen eri osa-alueiden kohdalla havaittiin, jos sanamme eivät ole "Hengessä", ne ovat väistämättä hedelmättömiä.

Demoninen kiroaminen

Vanha testamentti tekee selväksi, että "kiroaminen" on pahuuden toimintaa, jonka saatana saattaa sitten vielä vahvistaa. Esimerkiksi Jobin kirjan jae 3:8 antaa ymmärtää, että kiroukset voivat herättää *Leviatanin*. (Leviatan viittaa merihirviöön, ja se oli usein runollinen tapa kuvata saatanaa, esimerkiksi Jesajan kirjan jakeessa 27:1.)

Kiroaminen on siunaamisen vastakohta. Voidaan sanoa, että kirous on "julmia, kielteisiä tai tuhoavia sanoja, jotka lausutaan toiselle ihmiselle tai itselle ja joiden tarkoitus on saada aikaan haittaa tai kipua tuolle ihmiselle".

Palveleminen Hengessä

On selvää, että jopa tyhjänpäiväisillä juoruavilla sanoilla voi olla odottamattomia seurauksia ja että ne voivat satuttaa monia ihmisiä. Lisäksi on kuitenkin olemassa paha tuhoaja, joka ilahtuu voidessaan vahvistaa tällaisia sanoja niin, että niiden seuraukset olisivat vielä paljon vakavampia ja kauaskantoisempia.

Kiroukset itseä vastaan
On mahdollista kirota itseään sanoilla, jotka saatana sitten vahvistaa. Ensimmäisen Mooseksen kirjan luvussa 27 Rebekka painosti Jaakobia hankkimaan Iisakin siunauksen petoksella. Kun Jaakob vastusteli sanoen, että hän joutuisi alttiiksi kirouksen saamiselle, Rebekka lausui jakeen 13 kauheat sanansa. Kirouksella oli välittömät seuraukset: Jaakobin täytyi jättää kotinsa, eikä Rebekka enää koskaan nähnyt poikaansa.

Monet nykyihmiset ovat nuorina kironneet ruumiitaan, ja sitten myöhemmällä iällä he ihmettelevät, miksi heillä on tiettyjä fyysisiä ongelmia. Kirous täytyy yleensä käsitellä, ennen kuin paraneminen voi alkaa.

Matteuksen evankeliumin jakeissa 27:24–26 väkijoukko kirosi itsensä ja lapsensa. Tämä on ehkäpä yksi syy sille, miksi juutalaisten on läpi aikojen ollut niin vaikeaa uskoa Jeesukseen. Kun he kuitenkin kääntyvät Jeesuksen puoleen, he vapautuvat välittömästi kaikista kyseisen kirouksen vaikutuksista.

Kiroukset alempiarvoisia vastaan
Paholainen voi vahvistaa myös sellaisen kirouksen, jonka joku valta-asemassa oleva henkilö lausuu. Ensimmäisen Mooseksen kirjan jakeessa 31:32 Jaakob kirosi vaimonsa, ja vain vähän tämän jälkeen Raakel kuoli synnytyksessä. Johanneksen evankeliumin jakeissa 19:15–17 papit asettivat kansansa kirouksen alaiseksi, ja vuosisatojen ajan juutalaisia todellakin hallitsi useampi eri "keisari".

Aviomiehet saattavat kirota vaimojaan, vanhemmat lapsiaan ja työnantajat työntekijöitään. Isä saattaa esimerkiksi huutaa lapselleen: "Sinä olet hyödytön!" – ja

Profeetallisella arvovallalla puhuminen

lapsesta tulee entistä hyödyttömämpi. Opettaja saattaa kajauttaa oppilaalleen: "Sinusta ei koskaan tule yhtä hyvä kuin veljestäsi!" – ja kompuroiva oppilas jää yhä enemmän muista jälkeen.

Tällaiset kiroukset saavat voimansa puhujan arvovallasta, ja toisinaan niistä tekee vielä vahvemmat se tuhoaja, jonka huomion niiden lausuminen sai heräämään. Hyvin satunnaisesti tapahtuu niin, että Jumala kunnioittaa jonkun valta-asemassa olevan henkilön tuomitsevia sanoja – niin tapahtuu ainoastaan silloin, kun kyseisille sanoille on oikeutettu syy ja Jumala itsekin tuomitsee henkilön, jolle ne lausuttiin. Tarina Jotamin kirouksesta Tuomarien kirjan kohdassa 9:1–57 on yksi tällainen esimerkki. Yleensä tällaiset kiroukset ovat kuitenkin pahoja ja niitä ei kunnioita Jumala vaan saatana.

Raamattu sisältää vain harvoja sellaisia esimerkkejä, joissa joku saatanan palvelija kiroaisi muita, mutta tietyt kohdat antavat ymmärtää, että jokin kirous saattaa vaikuttaa joidenkin tiettyjen tilanteiden taustalla. Esimerkiksi 4. Mooseksen kirjan kohdassa 22:1–24:25 Moabin kansa ei kyennyt voittamaan Israelia omin voimin, joten se kääntyi Bileamin puoleen avun saamiseksi ja maksoi hänelle, jotta hän kiroaisi Israelin. Kolme kertaa Moabin kuningas yritti saada Bileamin kiroamaan juutalaiset, ja joka kerta Bileam siunasi heidät: hän ei kyennyt kiroamaan niitä, joita Jumala kirosi. (Tässä kohdassa käytetään mielenkiintoisella tavalla eri heprean kielen kirousta tarkoittavia sanoja. Bileam ei kyennyt *qahab*-kiroamaan – lävistämään – niitä, jotka Jumala oli *arar*-kironnut (kironnut läpikotaisin).

Nykyään on yleistä, että suuretkin ihmisjoukot pyytävät avukseen demonisia tukivoimia. Myös esimerkiksi poliisi tekee samaa: se käyttää tutkimuksissaan toisinaan astrologien, spiritistien ja ennustajien apua.

Seurakunta on sodassa, ja kiroukset ovat vihollisen ammuksia. Ensimmäisen Samuelin kirjan jakeessa 17:43 kerrotaan, että Goljat aloitti taistelun kiroamalla Daavidin, ja vihollisen armeija tekee samaa yhä nykyäänkin. Daavid tiesi,

Palveleminen Hengessä

miten tuohon kiroukseen tulisi suhtautua, mutta surullista kyllä, monet nykypäivän uskovat eivät sitä tiedä.

Jumalan tuomion julistaminen

Tuomarien kirjan jae 5:23 on ainoa kohta Raamatussa, jossa jotakin profeettaa käsketään "kiroamaan" joku. Profeetat kuitenkin usein julistivat Jumalan tuomiota jonkun ihmisen tai kansan ylle. Esimerkkejä kansoille lausutuista tuomioista voidaan löytää läpi kaikkien profeettojen kirjojen, esimerkiksi Aamoksen kirjan luvussa 1 sekä Nahumin ja Obadjan kirjoissa. Tietylle henkilölle lausuttuja profeetallisen tuomion sanoja taas voidaan löytää esimerkiksi kohdista 2. Kun. 2:23–25 ja Ap. t. 5:7–11.

Pietarin sanat Safiralle ovat selkeä esimerkki jakeen 4. Moos. 23:8 periaatteesta: tuomion sanamme ovat täysin hyödyttömiä, jos Jumala itse ei yhdy kyseisen henkilön tuomitsemiseen.

Apostolien tekojen jakeissa 5:1–6 Pietari ei ollut se, joka olisi tuominnut Ananiaksen. Jumala tuomitsi tämän, koska tämä oli valehdellut Jumalan nimessä ja kieltänyt Jumalalta lahjat, jotka oli luvannut Jumalalle antaa. Kun Pietari kuitenkin näki, että Jumalan tuomio oli aviomiehen yllä, hän ymmärsi, että hänellä oli hengellinen arvovalta julistaa tuo sama tuomio myös Ananiaksen vaimolle – jos tämä toimi samoin kuin miehensä.

Paavalin profeetallinen tuomion julistaminen

Uudessa testamentissa kerrotaan kahdesta tapauksesta, joissa Paavali julisti Jumalan tuomion jollekin tietylle ihmiselle.

1. Barjesus, noita ja väärä profeetta

Apostolien tekojen kohdassa 13:4–12 Barjesus-niminen noita ja väärä profeetta yritti estää Barnabasta ja Saulia puhumasta Jumalan sanaa Pafoksen käskynhaltijalle. Saul katsoi Barjesusta tiukasti kasvoihin ja julisti, että tämä olisi sokea "säädettyyn aikaan asti" (v. 1938 käännös). Jakeessa 13:9 korostetaan, että Paavali oli "täynnä Pyhää Henkeä" julistaessaan sanansa,

Profeetallisella arvovallalla puhuminen

ja jakeessa 13:11 painotetaan, että "Herran käsi" sai aikaan sokeuden.

Meidän on tärkeää ymmärtää, ettei tilanteessa ollut kyse siitä, että Paavali vain suuttui jollekin, jonka ainoa vika oli se, että hän käyttäytyi hankalasti. Kyseinen noita pyrki aktiivisesti estämään käskynhaltijaa kuulemasta hyvää uutista Jeesuksesta, ja näin hän oli esteenä Jumalan valtakunnan toiminnalle. Kun Barjesus tällaisella tavalla nousi vastustamaan Jumalan työtä, hän asetti itsensä Jumalan tuomion alle. Kyseessä oli vakava asia, ja Jumala tuomitsi hänet.

Kun noita sokeutui, käskynhaltija oli niin hämmästynyt siitä, mitä oli oppinut Herrasta, että tuli uskoon. Tämä tapaus osoittaa, että Jumalan profeetallisella arvovallalla puhuminen tällaisella tavalla saa aikaan merkittäviä "läpimurtoja" evankeliumin työssä.

2. Ylipappi Ananias

Kun Paavali alkoi puhua neuvoston jäsenille Apostolien tekojen kohdassa 23:1–5, ylipappi Ananias käski palvelijaa iskemään häntä suulle. Tämän seurauksena Paavali julisti, että Jumala vielä löisi Ananiasta.

Vaikuttaa siltä, kuin Paavali ei olisi huomannut puhuvansa juuri ylipapille, sillä kun asia hänelle kerrottiin, hän pyysi sanojaan anteeksi. Se, että Paavali lainasi 2. Mooseksen kirjan jaetta 22:28, kuitenkin osoittaa, että hän tiesi lausuneensa jumalallisen kirouksen.

Se, että Paavali pyysi anteeksi juuri Mooseksen lain rikkomista eikä sitä, että oli lausunut Jumalan tuomion, todistaa Paavalin uskoneen, että uskovien oli mahdollista julistaa Jumalan tuomioita. Historiankirjat kertovat, että viisi vuotta myöhemmin Ananias salamurhattiin hänen yhä ollessaan ylipappina. Hän oli juutalaisten historiassa ainoa ylipappi, joka kuoli tällaisella tavalla.

Palveleminen Hengessä

Muita esimerkkejä

Raamatussa on monia muitakin esimerkkejä, jotka osoittavat, että Jumalan palvelijoita kehotetaan joskus ilmoittamaan tai julistamaan Jumalan tuomioita. Meidän on syytä huomioida, että lähes kaikissa näissä tapauksissa puhutut sanat olivat kirous tai tuomio sellaista ihmistä tai ihmisryhmää vastaan, joka esti tai vastusti Jumalan työn toteutumista.

- ◆ Nooa kirosi Kanaanin – 1. Moos. 9:25–27.

- ◆ Egyptiä kohdanneet 10 vitsausta olivat 10 tuomiota, jotka Mooses ja Aaron profeetallisesti julistivat – 2. Moos. 7–11.

- ◆ Sinetit, trumpetit ja vitsausten maljat ovat profeetallisia tuomioita – Ilm. 6, 8–9 ja 15–16.

- ◆ Joosua kirosi kaikki, jotka yrittäisivät rakentaa Jerikon uudelleen – Joos. 6:26. Tämän kirouksen seuraus voidaan havaita 500 vuotta myöhemmin kohdassa 1. Kun. 16:34.

- ◆ Psalmi 109 on luultavasti Daavidin ilmoittama profeetallinen tuomio Juudakselle.

- ◆ Daavid kirosi Joabin ja tämän jälkeläiset – 2. Sam. 3:26–32.

Jeesuksen ääneen lausumat tuomiot

Markuksen evankeliumin jakeet 11:12–25 ovat tärkeä kohta koskien Jumalan tuomion julistamista Jumalan profeetallisella arvovallalla. Jeesus puhui niissä puulle, joka näytti lehtiensä vuoksi hedelmälliseltä mutta jossa ei todellisuudessa ollut yhtään hedelmää, ja sanoi: "Älköön kukaan enää ikinä syökö sinun hedelmääsi!"

Seuraavana päivänä puu oli kuivettunut juuriaan myöten ja kuollut. Opetuslasten ei kerrota olleen ihmeissään Jeesuksen sanoista vaan ainoastaan siitä, kuinka nopeasti hänen sanansa olivat toteutuneet. Niinpä Jeesus opetti heille,

Profeetallisella arvovallalla puhuminen

kuinka palvella Hengessä hänen profeetallisella arvovallallaan ja tehokkuudellaan – aivan kuten hän oli opettanut heitä myös rukoilemaan, julistamaan paranemista ja ajamaan ulos riivaajia.

Jeesus hyödynsi opetuksessaan tavallista juutalaista ilmausta "siirtää vuoria", mutta varusti sen uudella voimalla ja sovelsi sitä uudella tavalla. Kyseinen ilmaus pohjautuu Jesajan kirjan jakeisiin 40:1–5, joissa profeettaa käskettiin valmistamaan tie Herralle. Yksi Jesajan tehtävistä oli kaataa kumoon vaikeuksien vuoret, jotka estivät ilmoitusta Jumalan kirkkaudesta leviämästä laajalle. "Vuorien siirtämiseen" viitataan myös Jesajan kirjan kohdassa 2:11–16, ja sen vastineeseen "juuriltaan kitkemiseen" Valitusvirsien kohdassa 3:65–66. Sama ajatus esiintyy myös Sakarjan kirjan jakeessa 4:7.

Käytännön tasolla ilmausta "vuorten siirtäminen" käytettiin, kun kuningas halusi matkustaa valtakuntansa kaukaisiin kolkkiin. Joukko miehiä lähetettiin valmistamaan tie kuninkaalliselle seurueelle, osa heistä jopa puolta vuotta tai vuotta etukäteen. Nämä miehet korjasivat kaikki sillat, muokkasivat tiet kuntoon, nostivat puita juurineen maasta ja tekivät yleisesti kaiken voitavansa "vuorten siirtämiseksi" – sen varmistamiseksi, että kuningas voisi matkata ja saapua perille mahdollisimman sujuvasti.

Jeesus hyödynsi Jesajan käyttämää ajatusta hengellisestä vuorten siirtämisestä ja puhui sen pohjalta kolmessa rinnakkaisessa kohdassa: jakeissa Matt. 17:20, Mark. 11:22–24 ja Luuk. 17:5–6. Nämä kohdat osoittavat, että Kristuksen opetuslapsille Kristuksen profeetallisella arvovallalla puhuminen tarkoittaa niiden esteiden käsittelemistä, jotka estävät Jumalan kirkkautta loistamasta, Jumalan tahtoa toteutumasta ja sitä, että Jumalan hallintavalta tulisi vahvistettua.

Markuksen evankeliumin jae 11:22 täytyy ymmärtää oikein. Useimmissa raamatunkäännöksissä Jeesuksen sanojen on tulkittu tarkoittavan: *"Pitäkää usko Jumalaan"* (v. 1938

Palveleminen Hengessä

käännös). Niiden parempi käännös olisi kuitenkin luultavasti: *"Pitäkää Jumalan usko"* tai jopa *"Pitäkää usko Jumalan uskoon"*. Tätä käsitellään kirjan *Elävä usko* osassa 5.

Jumalan usko on ehdotonta. Hän luottaa itseensä täysin. Hän tietää voivansa saada aikaan kaiken, mitä haluaa. "Vuorten siirtäminen" ja "juuriltaan nostaminen" eivät ole ongelmia kaikkivaltiaalle Jumalalle. Jos meillä on hitustakaan Jumalan uskoa meissä – tai jos luotamme hänen uskoonsa vähääkään – meidän on paljon helpompi puhua Kristuksen arvovallalla jonkun sellaisen henkilön tai tilanteen tuomitsemiseksi, joka/mikä estää tai vastustaa Jumalan tahtoa.

Kohdat Matt. 17:20 ja Luuk. 17:5–6 osoittavat, ettei meillä tarvitse olla suurta määrää uskoa voidaksemme siirtää vuoria tai kiskoa esteitä pois juurineen – tarvitsemme ainoastaan oikeanlaista uskoa. Merkitystä on ainoastaan laadulla, ei määrällä. Yksinään uskomme ei voi saada aikaan mitään – Jumala on se, joka siirtää vuoret. Uskomme ainoastaan sitoo meidät yhteen Jumalan mahtavan voiman kanssa. Tätä käsitellään laajemmin *Hengen miekka* -kirjasarjan osassa *Elävä usko*.

Näyttäisi siltä, että puhuminen Jumalan arvovallalla hengellisiä esteitä tai muureja vastaan koostuu viidestä eri vaiheesta.

1. Jumalan tahdon tunteminen

Meidän ei koskaan pidä unohtaa Bileamin periaatetta: emme voi siunata niitä, joita Jumala ei siunaa, emmekä voi kirota niitä, joita Jumala ei kiroa.

Meidän täytyykin viettää aikaa kuunnellen Henkeä, jotta voimme saada tietoa niistä esteistä, jotka estävät Jumalan kirkkautta näkymästä tai Jumalan tahtoa toteutumasta – *ja* jotta voimme tietää, mitä esteitä vastaan hän haluaa meidän puhuvan. Meidän täytyy kuulla Hengeltä, mitkä seikat, ihmiset tai asenteet ovat niitä, jotka estävät Jumalan työn eteenpäin menemistä.

Profeetallisella arvovallalla puhuminen

Matteus, Markus ja Luukas kaikki viittaavat johonkin esteeseen niissä rinnakkaisissa kohdissa, joissa he puhuvat hengellisestä vuorten siirtämisestä.

- Matteuksen mukaan profeetallisella arvovallalla puhuminen saattaa olla välttämätöntä silloin, kun kohdataan ongelmia riivaajien karkottamisessa.

- Markus taas antaa ymmärtää, että henkilökohtaiset ihmissuhteet – erityisesti sellaiset, joissa esiintyy anteeksiantamattomuutta – saattavat olla "vuori", joka täytyy "siirtää". Hän myös mainitsee, että Jumalan palvelijoiden on välttämätöntä vaeltaa anteeksiannossa.

- Myös Luukas viittaa siihen, että anteeksiantamattomuuden itsepintaiset juuret täytyy kitkeä perusteellisesti.

2. Jumalan käskyn lausuminen

Kyseisissä jakeissa ei sanota "joka rukoilee minua" vaan "joka puhuu tälle vuorelle". Profeetallisella arvovallalla puhumisessa ei ole kyse Isälle lausutusta rukouksesta vaan jollekin henkilölle tai tilanteelle lausutusta käskystä.

Käytännön tasolla tämä ei eroa millään tavalla muista edellä havaituista esimerkeistä, joissa Hengen voimassa puhutaan silmille, raajoille, riivaajille ja kuumeelle ja käsketään niitä "Jeesuksen nimessä" muuttumaan.

Tässä vaiheessa on varmasti jo tullut selväksi, että tämä on tärkeä avainperiaate aina, kun palvellaan Hengessä. Me usein anomme Jumalalta: "Tee jotain!" Mutta Henki yleensä kuiskaa meille takaisin: "Ei, vaan tee sinä se – minun voimassani ja Jeesuksen pyhässä nimessä." Meidän täytyy aina muistaa, että Jumala kutsuu meitä elämään ja palvelemaan aidossa kumppanuudessa Hengen kanssa. Hän luottaa kuuliaisiin sanoihimme ja tekoihimme, ja me olemme riippuvaisia hänen kehotuksestaan ja voimastaan.

Palveleminen Hengessä

3. Jumalan uskon vastaanottaminen
Kotikutoinen usko ei riitä, kun halutaan palvella tällaisessa toiminnassa. Tarvitsemme Jumalan antamaa luottamusta siihen, että sanamme myös todella ovat tehokkaita. Paavali tiesi, että Elymas sokeutuisi joksikin aikaa. Pietari oli varma siitä, että Safira kaatuisi kuolleena maahan.

Pyhän Hengen antamaa uskon lahjaa, johon viitataan 1. Korinttolaiskirjeen jakeessa 12:9, tarvitaan tässä toiminnassa aivan ehdottomasti. Edellä on havaittu, että kaikessa Hengessä palvelemisessa on kyse siitä, että palvellaan Hengen lahjoilla, armolahjoilla, ja että nuo lahjat kuvastavat Hengen oman luonnon eri puolia. Kun Pyhä Henki antaa meille hengellisenä lahjana omaa uskoaan palvelemisemme avuksi, meillä todellakin on se usko, jota Jeesus Markuksen evankeliumin jakeessa 11:22 sanoo meidän tarvitsevan. Tästä seuraa, että sanamme todellakin on ladattu profeetallisella arvovallalla Pyhän Hengen voiman kautta.

Kun Henki antaa meille Jumalan uskon lahjan jossakin tilanteessa, meidän tulee suhtautua kyseiseen tapaukseen aivan kuin se jo olisi tapahtunut. Tämänkaltainen usko ei ole heikkoa toivoa siitä, että jotakin saattaa tapahtua tai mahdollisesti tapahtuu, siis esimerkiksi: "Luulen, että Safira kuolee tänään (mutta en ole ihan varma)." Sen sijaan se on täyttä varmuutta, siis esimerkiksi: "Uskon, että Safira kuolee tänään (Jumala on luvannut niin – ja tuossa vieressä lojuu myös Ananiaksen ruumis)."

4. Käskemisen jatkaminen
Markuksen evankeliumin jakeissa 11:23–24 käytetyt kreikan kielen sanat välittävät ajatuksen, että meidän tulee "yhä uudelleen sanoa" vuorelle: "Nouse paikaltasi ja paiskaudu mereen!" Kyseessä ei siis ole yksi kertaluonteinen käsky. Meidän tulee jatkaa Jumalan tuomion tai käskyn julistamista tietylle esteelle niin kauan kuin tarve vaatii. Tarvitsemme siis huomattavan paljon kärsivällisyyttä ja hengellistä sinnikkyyttä.

5. Näkyvän lopputuloksen saavuttaminen

Ilmauksien "se myös tapahtuu" ja "se siirtyisi" rakenteet korostavat sitä, että asian täyttyminen on täysin varmaa. Luukas taas käyttää sellaista kreikan kielen sanaa, joka viittaa aikaan ennen käskyn lausumista, siis esimerkiksi "se olisi totellut teitä". Tämä painottaa sitä seikkaa, että voidellut sanamme saavat aina aikaan jonkin näkyvän lopputuloksen.

Sellaisten ihmisten palveleminen, jotka on kirottu

Edellä selvitettiin, etteivät 5. Mooseksen kirjan luvun 27 kiroukset koske uskovia. Galatalaiskirjeen jae 3:13 osoittaa lisäksi, että evankeliumin keskeinen seikka on "hyvä uutinen" siitä, että Kristus on lunastanut meidät lain kirouksesta, niin että voimme nauttia Abrahamin siunauksista.

Meidän täytyy kuitenkin ymmärtää, että on täydellisen turhaa rukoilla sairaiden ihmisten puolesta silloin, kun he ovat jonkin kirouksen alaisia. Esimerkiksi Daavidin lausuman kirouksen jälkeen (2. Sam. 3:26–32) olisi ollut täyttä ajanhukkaa rukoilla jonkun Joabin jälkeläisen puolesta, että tämä paranisi märkivistä ruvistaan. Tällaiset ihmiset täytyy vapauttaa kirouksesta, ennen kuin heille voidaan julistaa parantumista.

Edellä tarkasteltiin myös esimerkkejä, jotka osoittavat, että vaikkei Jumala kiroakaan meitä aina, kun rikomme jotakin Vanhan testamentin lain kohtaa, hän silti tuomitsee jotkut sellaiset uskovat, jotka tekevät jossakin synnissä elämisestä tavan. Tämän hän tekee kuitenkin vain rakkaudesta saadakseen heidät palaamaan luokseen.

Jumalan rakastava kuritus

Viidennen Mooseksen kirjan jakeissa 28:15–68 luetellaan ne kammottavat tavat, joilla Jumala sanoi kiroavansa Israelin kansan, jos se rikkoisi Mooseksen lain. Nämä kiroukset eivät automaattisesti koske kristittyjä uskovia, mutta ne antavat meille viitteitä niistä tavoista, joilla Jumala saattaa toisinaan kurittaa jotakin uskovaa.

Palveleminen Hengessä

Kyseisessä kohdassa voidaan tunnistaa kuusi perusosa-aluetta:

◆ mielen ja ruumiin sairaus – jakeet 21, 22, 27, 28, 34 ja 35

◆ epäonnistuminen kaikissa pyrkimyksissä ja tekemisissä – jakeet 25, 30, 49

◆ väistämätön köyhyys – jakeet 17, 18, 30, 31, 38 ja 48

◆ erottelu ja erot – jakeet 30, 32 ja 54

◆ masennus, uniongelmat ja lamauttavat pelkotilat – jakeet 65–67

◆ tunne, että joutuu kokemaan nöyryytystä muiden ihmisten silmissä ja ainaista Jumalan epäsuosiota – jakeet 25, 37 ja 68.

Kun palvelemme uskovaa, joka vaikuttaa kärsivän useista 5. Mooseksen kirjan luvun 28 kurituksen muodoista, on aiheellista selvittää, onko Jumala hänen vaikeuksiensa takana.

Emme saa langeta siihen ansaan, että kuvittelisimme jokaisen vaikeuden olevan seurausta jostakin synnistä – Kristuksessa meidät on vapautettu tämänkaltaisesta ajattelutavasta. Osa vaikeuksistamme on luonnollista seurausta siitä, että elämme langenneessa maailmassa, joka on yhä paholaisen hallinnassa. Jotkut vaikeudet taas aiheutuvat, kun vastustamme paholaista ja teemme hänelle vastarintaa, kun pyrimme tuomaan Jumalan oikeaa hallintavaltaa maailmaan. On myös monia vaikeuksia, jotka johtuvat omasta typeryydestämme, heikkoudestamme tai lihallisuudestamme. Toisinaan kuitenkin jokin vaikeus saattaa olla Jumalan kuritusta. On selvää, että tarvitsemme Hengen antamaa näkö- ja erottelukykyä, jotta kykenemme tunnistamaan jokaisen vaikeuden taustalla vaikuttavan perimmäisen syyn.

Vapautuminen Jumalan kurituksesta

Danielin kirjan jakeet 9:1–19 ovat tärkeä kohta. Kun Daniel tunnisti, että Israelin kansa oli Jumalan tuomion alla, hän teki *henkilökohtaisesti parannusta* – rukoillen ja paastoten – omista synneistään ja *tunnusti* myös esi-isiensä synnit *heidän puolestaan*. Hän ei ainoastaan tunnustanut niitä syntejä, joihin oli itse syyllistynyt, vaan myös ne, joihin hänen perheensä ja kansansa olivat syyllistyneet.

Daniel kamppaili rukouksessa Jumalan kanssa, rukoili Jumalan laupeuden ilmestymistä, siunauksen saamista ja sitä, että Herra toimisi viipymättä. Ainoa tapa vapautua Jumalan tuomiosta on tunnustaa ja tehdä parannusta – tavalla, johon sisältyy vankka lupaus olla kuuliainen jatkossa– ja anoa Jumalan laupeutta. Tämä havaitaan myös Esran kirjan luvussa 9.

Kansansa edustajina Jumalan edessä Daniel ja Esra tunnustivat syntejä, joihin eivät itse henkilökohtaisesti olleet langenneet. Sellaisten perheiden ja seurakuntien, jotka ovat Jumalan tuomion alla joidenkin menneisyydessä tehtyjen syntien tähden, täytyy tunnustaa nuo synnit samankaltaisella tavalla muiden edustajina, jotta Jumalan kurituksesta vapautuminen tulisi mahdolliseksi. On kuitenkin tärkeää huomioida, etteivät Daniel ja Esra tehneet – tai edes olisi voineet tehdä – parannusta synneistä, joita jotkut muut olivat tehneet. Muiden puolesta tehty syntien tunnustaminen ei sisällä *parannuksen tekemistä* muiden puolesta. Kukaan ei voi tehdä parannusta jonkun muun tekemistä synneistä, mutta muiden puolesta tehdyllä tunnustamisella (kuten Danielin ja Esran esimerkit osoittavat) on vaikutusta Jumalaan: se voi johtaa laupeuden ja armon vuodattamiseen, jossa Jumala tuo parannuksen tekemisen jonkin kansan tai yksilön ylle.

Uskova tai uskovien ryhmä, joka on Jumalan tuomion alla, ei voi tehdä muuta kuin heittäytyä Jumalan laupeuden ja armon varaan: ei ole olemassa mitään automaattista vapautumista. Emme saa kuitenkaan unohtaa, että Jumala on aina valmis siunaamaan kaikkia niitä, jotka lähestyvät häntä aidosti katuvalla mielellä. Jos kerran Jumala on täynnä laupeutta, laupias, täytyy hänen laupeutensakin olla ääretöntä.

Demonisesti langetetut kiroukset

Raamatussa ei kerrota tarkasti, mitä seurauksia saatanan langettamilla kirouksilla on. Seuraavat ehdotukset perustuvatkin siksi pikemminkin kokemukseen kuin Raamattuun, eikä niille sen vuoksi myöskään pidä antaa liian suurta painoarvoa.

Tällaiset "todisteet demonisesti langetetusta kirouksesta" ilmenevät aina jonkin perheen tai ihmisryhmän useissa jäsenissä – ehkäpä jopa jo useiden sukupolvien ajan –, eivätkä siis niinkään ainoastaan jossakin yhdessä yksittäisessä henkilössä. Ne eivät myöskään yksinään tarkoita vielä mitään, vaan niitä täytyy olla useampia havaittavissa. Yleensä on niin, että useat eri todisteet ovat toistuvasti ilmenneet menneisyydessä ja että ne vaikuttavat paljon yhtä yksittäistä ihmistä laajempaan ihmisjoukkoon.

On voinut esimerkiksi ilmetä:

- useita itsemurhayrityksiä monien sukupolvien ajan
- toistuvia keskenmenoja, kuukautis- tai vaihdevuosivaivoja tai muita ongelmia
- toistuvia akuutteja ruumiin ja mielen sairauksia, ja erityisesti sellaisia, joille ei löydy selkeää lääketieteellistä diagnoosia – tällaiset usein vaikuttavat olevan juuri paranemassa, mutta niiden taustalla on luultavasti useita pettymyksiä, monia luvattuja parantumisia, jotka eivät toteutuneetkaan
- usein toistuvia hoitojaksoja mielisairaaloissa, ennenaikaista vanhuudenheikkoutta useissa sukupolvissa, monia hermoromahduksia yhdessä perheessä
- epätavallisen suuri määrä erilaisia onnettomuuksia
- avioeroja, vieraantumista, vakavia riitoja, anteeksiantamattomuutta ja katkeruutta jonkin perheen historiassa

Profeetallisella arvovallalla puhuminen

◆ tai että jollakin perheellä, jonka tulot ainakin paperilla ovat riittoisat, ei kuitenkaan koskaan ole tarpeeksi rahaa itsensä elättämiseksi, minkä vuoksi se elää jatkuvissa veloissa ja vaikeuksissa; teoriassa sen pitäisi olla varoissaan, mutta todellisuudessa se kärsii huomattavista aineellisista vastoinkäymisistä.

Ihmisten elämässä täytyy olla havaittavissa useita näistä edellä mainituista todisteista, ennen kuin on aiheellista pohtia sitä mahdollisuutta, onko ongelmien taustalla jokin demonista alkuperää oleva kirous. Joskus asia on ilmiselvä, mutta yleensä täytyy kysellä useita kysymyksiä, varmentaa saadut vastaukset ja keskustella asiasta jonkun työtoverin kanssa. Tämän jälkeen on *välttämätöntä* saada Pyhän Hengen antama tieto ja viisaus, ennen kuin voidaan ryhtyä minkäänlaiseen toimintaan ihmisen vapauttamiseksi kirouksesta.

Kirotun ihmisen vapauttaminen

Ensimmäinen vaihe kirotun ihmisen auttamisessa on sen selvittäminen, onko hän todella kirottu. Joskus autettavalle ihmiselle on kerrottu, että hänelle on langetettu kirous, ja toisinaan taas hän on kokemustensa perusteella päätellyt sen olevan mahdollista. Tarvitsemme aina Hengen antamaa näkökykyä ja erityisesti hänen antamaansa "henkien erottamisen armolahjaa", jotta voimme olla varmoja siitä, että ihmisen vaikeuksien taustalla todella on jokin riivaaja.

Jos meidät itsemme on kirottu (mitä useammin uskovat joutuvat vastatusten pimeyden voimien kanssa, sitä tavallisempaa tämä on), Raamattu tekee selväksi, kuinka meidän tulee toimia: meidän tulee vastata kiroukseen siunauksella.

Daavid vastasi Goljatin kiroukseen vahvemmalla kirouksella, mutta kyseinen tapaus on ainoa poikkeus. Muualla Raamatussa edellä mainittu periaate on selkeä. Kohdissa Tuom. 17:1–3; Ps. 109:28; Luuk. 6:28; Room. 12:14,21 ja 1. Kor. 4:12 kaikissa painotetaan sitä, että Jumalan lapset voittavat kirouksen siunauksella.

Palveleminen Hengessä

Seuraavat ehdotukset ovat ohjenuoria sellaisen ihmisen, perheen tai seurakunnan vapauttamiseksi, joka on riivaajan langettaman kirouksen alla.

Ennen vapauttamistoiminnan aloittamista henkilöä täytyy auttaa "siirtymään" siltä paikalta, jossa kirous vaikuttaa, paikkaan, jossa hänellä on varjelus ja jossa hän voi vastaanottaa Jumalan siunauksen. Tämä siirtyminen perustuu ainoastaan Kristuksen sovitustyölle.

Ellei ihminen ole "Kristuksessa" eikä ole uskossa tietoisesti ottanut omakseen ristin aikaansaamia hyötyjä, häntä ei voida alkaa vapauttaa kirouksesta. Tällainen vapauttamistoiminta voi alkaa ainoastaan, jos autettava henkilö on Kristuksessa sekä jonkin paikallisseurakunnan elävässä yhteydessä. Tämän jälkeen kyseinen henkilö tulisi auttaa seuraavien vapauttamisvaiheiden läpi.

- ◆ Henkilön tulee tehdä henkilökohtaista parannusta kirouksen syystä, joskus jonkun tietyn ajanjakson ajan. Raamatussa sanotaan, ettei aiheeton kirous voi jäädä yllemme (Sananl. 26:2). Tähän vaiheeseen saattaa sisältyä myös muiden perheen- tai jonkin muun ryhmän jäsenten tekemien syntien tunnustamista heidän puolestaan. Jos ei ole olemassa mitään "syytä" kiroukselle, voidaan vapauttamisrukous rukoilla aivan erityisellä luottamuksella.

- ◆ Tämän jälkeen kyseisen henkilön tulee tunnustaa uskonsa Kristukseen. Tämä vahvistaa sen, että autettava ihminen turvaa ainoastaan Kristuksen ristintyöhön siirtymisessään kirouksen paikalta siunauksen paikalle.

- ◆ Henkilölle tulee tehdä erittäin selväksi vapautumisen raamatullinen perustus. Joitakin Raamatun lupauksia tulee omistaa omalle kohdalle, esimerkiksi kohdat Jes. 14:12–19; Hes. 28:17–19; Joh. 12:31; Gal. 3:13–14; Ef. 1:7; Kol. 1:12–14; 1. Joh. 3:8; Ilm. 18 ja Luuk. 10:17–19.

- ◆ Jos autettava henkilö tai joku hänen läheisimmistä ystävistään tai perheenjäsenistään on luonut

Profeetallisella arvovallalla puhuminen

keskusteluyhteyden paholaiseen, siitä tulee sanoutua irti ja se tulee kumota.

◆ Kaikille asianosaisille tulee antaa anteeksi: erityisesti sille henkilölle, joka on lausunut kirouksen, sekä sille henkilölle, joka aiheutti kirouksen.

◆ Jonkun sellaisen ihmisen tulee julistaa vapautumista, jolla on jonkinlainen hengellisesti arvovaltainen asema autettavaan ihmiseen nähden: esimerkiksi tämän isän, aviomiehen, vanhimman tai pastorin.

◆ Auttajan tulee puhutella kirousta voimassa pitävää pahaa henkeä ja kieltää sitä Jeesuksen nimessä tuomasta enää minkäänlaista pahaa tai haittaa autettavan ihmisen tai hänen perheensä ylle. Riivaajalle tulee tehdä tiettäväksi, että autettava ihminen on nyt Jumalan nimen varjeluksessa ja että Kristuksen täydellisen ristintyön tähden paholaisen kirous korvataan nyt jumalallisella siunauksella.

◆ Tämän jälkeen tulee laskea kädet autettavan ihmisen päälle ja julistaa siunausta. Jos kyseinen henkilö ei ole täyttynyt Pyhällä Hengellä, tulisi tilanteessa anoa vielä tuota siunausta.

Osa 11

Palveleminen sielunhoidossa

Edellä tutustuttiin siihen, kuinka Jeesus palveli yksittäisiä ihmisiä parantamalla, vapauttamalla ja siunaamalla heitä. Näiden lisäksi on syytä huomioida, että hän palveli ihmisiä myös olemalla heidän sielunhoitajansa ja neuvomalla heitä. Vaikka evankeliumeissa kerrotaankin, että Jeesus puhui suuren osan opetuksistaan jollekin pienelle ihmisryhmälle tai jollekin suurelle väkijoukolle, niissä on kuitenkin kuvattu myös useita sellaisia tilanteita, joissa Jeesus kohtasi jonkun tietyn yksittäisen ihmisen. Hän todellakin oli Ihmeellinen Neuvonantaja (Jes. 9:6, v. 1933 käännös).

Vaikka sielunhoito onkin tärkeä osa palvelemista Hengessä, siihen liittyy kaksi olennaista seikkaa, jotka erottavat sen muista edellä tarkastelluista palvelemisen muodoista.

◆ Parantamisessa, vapauttamisessa ja siunaamisessa ihminen tuo omat henkilökohtaiset tarpeensa täytettäviksi. Sielunhoidossa taas on, muiden seikkojen ohessa, kyse Jumalan neuvojen ja ohjeistuksen tarjoamisesta ihmisille – siitä, että ihmiselle kerrotaan, mitä Jumala suosittelee hänen tekevän, jotta kyseinen ihminen voi sitten päättää, toimiiko sen mukaan.

◆ Parantaminen ja vapauttaminen saavat aikaan välittömän muutoksen. Sielunhoito taas synnyttää pitkäkestoista mukautumista Jumalan tahtoon.

Jotkut ajattelevat, että kaikki tilanteet, joissa joku uskova antaa neuvoja toiselle, ovat sielunhoitoa. Aitoa sielunhoitoa tapahtuu kuitenkin ainoastaan silloin, kun joku Jeesuksen seuraaja välittää toiselle Jumalan tahdon ja tarkoituksen, sillä sielunhoito on Jumalan, palvelevan henkilön ja autettavan

Palveleminen Hengessä

henkilön välistä keskustelua. "Sielunhoito" on paitsi itsessään tärkeä osa palvelemista, se on lisäksi vapauttamisen ja parantamisen jälkeen tapahtuvaa pitkäkestoista jälkihoitoa.

Kuten edellä on havaittu, ei lähes koskaan riitä, että vain rukoillaan rukous jonkun ihmisen parantumisen tai vapautumisen puolesta ja jätetään hänet sitten selviämään yksinään, jotta voidaan kiireellä siirtyä seuraavan henkilön luokse. Meidän täytyy aina myös kysyä Jumalalta, mitä hän haluaa sanoa tuolle ihmiselle, hyötyisikö tuo ihminen jumalallisesta sielunhoidosta ja mitä kyseisen ihmisen tulisi seuraavaksi tehdä voidakseen kasvaa hengellisesti.

Sielunhoito ja opetuslapseus

Osassa 3 todettiin, että kaikki palveleminen Hengessä on riippuvaista opetuslapseudesta ja että meidän täytyy "oppia" Kristukselta ja noudattaa hänen esimerkkiään kaikessa. Sielunhoito on – yksinkertaisesti sanottuna – opetuslapseuttamista: se on sitä, että ihmistä autetaan oppimaan Kristukselta ja että häntä opetetaan toimimaan Kristuksen esimerkin pikemmin kuin omien ajatustensa mukaan.

Edellä myös havaittiin, että palveleminen Hengessä on riippuvaista kyvystämme kuunnella Henkeä ja koetella ja tunnistaa hänen kehotuksiaan. Vaikka Hengen äänen kuunteleminen onkin olennaista kaikessa palvelemisessa, se on erityisen tärkeää juuri sielunhoidossa.

Jos toimimme omien ajatustemme ja käsitystemme perusteella yrittäessämme parantaa jotakin ihmistä, tuo ihminen ei saa apua eikä parantumista, mutta on epätodennäköistä, että tilanteella olisi joitakin kauaskantoisia negatiivisia seurauksia. Mutta jos sielunhoitotilanteessa kerromme omia mielipiteitämme, edesautamme sitä, että autettavan ihmisen elämä mukautuu meidän tahtomme mukaan, ei Jumalan tahdon mukaan – ja tällä voi olla vakavia seurauksia.

Kaikki tässä osassa käsitellyt asiat pohjautuvat täysin tämän kirjan osaan 3, ja niitä tulisikin tutkia yhdessä tuon luvun

Palveleminen sielunhoidossa

kanssa. Olisi itse asiassa suositeltavaa lukea osa 3 uudestaan ja jatkaa vasta sitten tämän luvun lukemista.

Sielunhoito ja Sana

Raamattu on kristillisessä sielunhoidossa Jumalan arvovaltainen ja riittävä opas elämään ja elämiseen. Raamatusta sielunhoitaja löytää kaiken, mitä hänen tarvitsee tietää suhteestamme Jumalaan ja lähimmäiseemme, kuten seuraavat kohdat osoittavat: 2. Piet. 1:3–4, 16–21; 2. Tim. 3:14–17 ja 5. Moos. 29:29.

Sielunhoito ja Henki

Edellä havaittiin, että profeetat olivat Vanhan testamentin ajan neuvonantajia/sielunhoitajia – kohdat 2. Aik. 25:5–16 ja Jer. 38:14–28 havainnollistavat tätä yhteyttä. Profetiaa voitaisiin kuvata "Jumalan sanan välittämiseksi muille" ja sielunhoitoa "Jumalan viisauden välittämiseksi muille". Kuka tahansa Vanhan testamentin ajan juutalainen saattoi kyllä antaa järkeviä neuvoja, mutta vain voidellut profeetat saattoivat jakaa muille ihmisille Jumalan viisautta.

Kuten tiedetään, helluntaina profetoiminen, sielunhoidollinen neuvominen, parantaminen – kaikki palveleminen Hengessä – lakkasi olemasta ainoastaan harvojen erityisten ihmisten tehtävä. Nykyään kuka tahansa Hengellä voideltu uskova voi puhua Jumalan sanoja, voi palvella Hengessä, voi antaa sielunhoidollisia neuvoja.

Kristillinen sielunhoito on mahdotonta ilman Pyhää Henkeä. Kristus lupasi opetuslapsilleen Pyhän Hengen läsnäolon – Hengen (*Parakletoksen*), "joka on kutsuttu kulkemaan vierellä ja auttamaan". Pyhä Henki tässä auttajan tai neuvonantajan roolissaan kertoo niistä muutoksista, joita Jumala tahtoo kristityn elämässä tapahtuvan. Sielunhoitajan täytyy turvautua täysin Hengen apuun kaikissa muutoksissa sielunhoitoprosessin jokaisessa vaiheessa.

Kaikki muutos, joka ei tapahdu Pyhän Hengen kehotuksesta ja hänen voimassaan, on tekopyhää kristillisyyttä, eikä se

Palveleminen Hengessä

miellytä Jumalaa lainkaan. Kristillisen sielunhoidon päämäärä on saada nähdä autettava ihminen vapaana kaikista siteistä, synnillisistä toimintatavoista ja virheellisistä ajattelumalleista, niin että Pyhän Hengen hedelmät ja lahjat saisivat yhä enemmän sijaa hänessä.

Sielunhoito ja neuvominen

On tärkeää tehdä ero hyvien neuvojen ja Jumalan neuvojen välillä. Kreikan kielessä näistä kahdesta käytetään kahta eri sanaa. Sanan *boule* paras käännös voisi olla "sielunhoidollinen neuvo", ja se tarkoittaa "ilmoitusta siitä, mikä Jumalan tahto on". Sana *gnome* taas tarkoittaa "ohjetta", ja se viittaa mielipiteeseen, joka pohjautuu järkeilyyn, kokemukseen ja tietoon.

Ensimmäisen Korinttolaiskirjeen jakeessa 7:25 Paavali antoi *gnomen*, kun taas saman kirjeen jakeessa 14:37 hän ilmoitti *boulen*, vaikkei kyseisessä jakeessa käytetäkään itse *boule*-sanaa. Näiden kahden ero on selvä: jälkimmäisessä Paavali tiesi, että Kristuksen opetuksessa oli selkeä käsky, joka oli voimassa kaikissa tilanteissa, kun taas ensimmäisessä hän ilmoitti apostolisen tuomionsa juuri Korintin tilanteesta. Voidaan sanoa, että Paavali tarkoitti kohdan 7:25–40 neuvonsa *gnomeksi*, mutta hänen apostolisen virkansa tähden se vastaanotettiin Korintissa *boulena*.

Tämä ei tarkoita, että inhimillinen kokemus tai maalaisjärki tulisi sivuuttaa, vaan ainoastaan sitä, että ne täytyy täydentää selkeällä – Jeesuksen tai Raamatun – Sanasta tulevalla käskyllä. Kokemuksemme saattaa auttaa meitä tietämään, "kuinka" antaa sielunhoitoa, mutta vain Pyhä Henki voi kertoa meille, "mitä" sanoa.

Sielunhoitoon liittyy siis olennaisena osana "neuvojen antaminen", jonka yhteydessä Uudessa testamentissa käytetään sanaa *boule* ja heprean kielessä sanaa *etsah*. On kuitenkin olemassa myös muita aivan yhtä oleellisen tärkeitä sanoja, jotka kuvaavat sielunhoitoprosessin eri puolia.

Palveleminen sielunhoidossa

"Lohduttaminen ja kannustaminen"

- *Parakaleo* – "kutsuttu vierelle auttamaan", "rohkaista", "lohduttaa", "kannustaa" – esimerkiksi kohdissa Room. 12:1; 2. Kor. 1:4,6; Ef. 6:22; Fil. 4:2 ja 1. Tess. 4:18.

- *Paramutheomai* – "rohkaista", "lohduttaa sanallisesti" – Joh. 11:19,31; 1. Tess. 2:11 ja 5:14.

"Kehottaminen ja varoittaminen"

- *Noutheteo* – "panna mieleen", "varoittaa", "kannustaa eteenpäin", "rohkaista myönteisellä tavalla" – Ap. t. 20:31; Room. 15:14; 1. Kor. 4:14; Kol. 1:28, 3:16; 1. Tess. 5:12,14 ja 2. Tess. 3:15. Vanhan testamentin kreikan kielisessä versiossa on sanottu, että Eeli nuhteli poikiaan (1. Sam. 2:24) mutta epäonnistui heidän kehottamisessaan (1. Sam. 3:13).

"Oikaiseminen ja palauttaminen"

- *Elegcho* – "tuomita", "moittia", "nuhdella" – Joh. 16:8; 2. Tim. 4:2; Tiit. 2:15 ja Ilm. 3:19. Tätä ei tule sekoittaa sanaan epitimao, joka tarkoittaa pelkkää "nuhtelemista" (epitimao saattaa joskus olla aiheetonta, Matt. 16:22, tai se saattaa olla hyödytöntä, Luuk. 23:40, kun taas elegcho viittaa sellaiseen nuhtelemiseen, jonka seurauksena on jokin tuomio, Joh. 8:46).

"Varustaminen ja valmiiksi tekeminen"

- *Katartizo* – "tehdä valmiiksi", "muovata", "korjata", "palauttaa" – Gal. 6:1. Sanaa *katartizo* käytetään myös verkkojen selvittämisestä kohdissa Matt. 4:21 ja Mark. 1:19.

"Ohjeistaminen ja opettaminen"

- *Paraggello* – "antaa sana", "määrätä", "käskeä" – Mark. 6:8; Luuk. 8:29, 9:21; Ap. t. 5:28; 2. Tess. 3:4,6,10 ja 12.

- *Didasko* – "opettaa", "ohjeistaa" – Matt. 4:23, 9:35; Room. 12:7; 1. Kor. 4:17; 1. Tim. 2:12 ja 4:11.

Palveleminen Hengessä

Sielunhoidon ohjenuoria

Edellisen lyhyen sanaesittelyn pohjalta voidaan laatia seuraavat perusohjeet sielunhoitotilanteisiin. Kyseiset ohjeet ohjaavat meitä oikeaan suuntaan ja auttavat meitä ymmärtämään, kuinka sielunhoito liittyy muihin Hengessä palvelemisen osa-alueisiin.

1. Kysy Jumalalta

Toisen Samuelin kirjan kohdassa 16:20–17:23 kerrotaan Ahitofelin tarina. Sen, mitä hänestä kerrotaan jakeessa 16:23, tulisi olla jokaisen uskovan tavoite. Meidän tulisi antaa vain sellaisia neuvoja, jotka olemme vastaanottaneet rukouksessa Jumalalta kysymällä ja hänen Sanaansa tutkimalla.

2. Muista oikaisemisen lisäksi myös rohkaista

Tarve "antaa neuvoja" voi olla ansa sielunhoitajalle, sillä hän saattaa unohtaa kuunnella, mitä tarpeita autettavalla henkilöllä on, ja jättää osoittamasta myötätuntoa tätä kohtaan. Neuvojen antamisessa tarvitaan aina herkkyyttä. Niitä tulee antaa ainoastaan silloin, kun henkilö itse niitä pyytää ja kun hän on valmis niitä kuulemaan.

On helppoa olla tuomitseva ja soveltaa Raamattua sopimattomalla, tunteettomalla ja pinnallisella tavalla. Tällainen ei ole sielunhoitoa, jossa Henki olisi mukana tai jota tehtäisiin Kristuksen mielellä.

3. Älä vääristele Jumalan tahtoa

Kaikissa tilanteissa ei voida olla varmoja siitä, mikä Kristuksen selkeä käsky on. Tällaisissa tilanteissa meidän täytyy tehdä selväksi, että sanamme ovat vain oma mielipiteemme: emmehän tahdo saada osaksemme Jobin kirjan jakeen 38:2 jumallista nuhtelua.

Profetoimisen lahja on epätäydellinen. Tämä Paavalin tunnustus 1. Korinttolaiskirjeen jakeessa 13:9 puhuu sen puolesta, että meidän tulee sielunhoitotilanteissa harjoittaa "pyhää epäröintiä". Esimerkiksi ilmaus "luulen, että Jumala

Palveleminen sielunhoidossa

haluaa sanoa näin" on luultavasti parempi kuin ilmaus "Jumala sanoo, että sinun pitää tehdä juuri näin".

Jos sielunhoitoa saavan ihmisen asiasta on jokin selkeä maininta Raamatussa, on tietenkin selvää, että meidän täytyy painottaa sitä, että Jumalan Sanaa täytyy aina noudattaa. Kun neuvomme kuitenkin ovat profeetallisia, meidän tulee muistuttaa autettavaa ihmistä siitä, että sanamme täytyy koetella huolellisesti ja vastaanottaa harkiten.

4. Muista, että Jumalan neuvot saatetaan myös torjua

Johannes Kastaja oli Jumalan valitsema ja voitelema neuvonantaja (Luuk. 7:29–30). Neuvo, jonka hän oli Jumalalta saanut ja jonka hän oli välittänyt kuulijoilleen, oli, että näiden tulisi tehdä parannus ja ottaa kaste. Fariseukset kuitenkin torjuivat hänen neuvonsa.

Läpi koko Raamatun kerrotaan siitä, että profeetat kohtasivat torjuntaa. Jopa Jeesusta pidettiin vääränä profeettana, minkä vuoksi hänet myös vangittiin ja ristiinnaulittiin.

Uskovat, jotka kulkevat näissä samoissa voidelluissa jalanjäljissä, joutuvat väistämättä kohtaamaan torjuntaa tavalla tai toisella.

5. Älä masennu, kun kohtaat torjuntaa

Jos neuvoamme ei kuunnella, meidän ei tulisi toistaa sitä virhettä, jonka Ahitofel teki kohdassa 2. Sam. 17:1–23 sen jälkeen, kun arkilaisen Husain neuvoa oli noudatettu hänen neuvonsa sijaan.

Torjunta ei ole tekosyy antautua masennuksen valtaan. Se tulee ottaa mahdollisuutena tuntea, mitä Jumala tuntee, ja tilaisuutena osallistua Kristuksen kärsimyksiin. Meidän tulee palvella vain siksi, koska Jumala kehottaa meitä siihen – ei siksi, koska ihmiset kuuntelevat, mitä sanomme.

6. Älä lisää mitään ylimääräisiä ajatuksia

Neljännen Mooseksen kirjan kohdassa 22:2–24:25 Balak painosti Bileamia kiroamaan israelilaiset. Bileam pysyi kuitenkin

Palveleminen Hengessä

kannassaan ja teki selväksi (j. 22:8,18,38; 23:12 ja 24:13), ettei hän voinut puhua muuta kuin sen, mitä Jumala sanoi.

Meillä voi usein olla kiusaus lisätä jotakin Jumalan ilmoitukseen tai muuttaa tuota ilmoitusta. Tätä kiusausta täytyy vastustaa. Meidän täytyy puhua vain se, minkä Jumala antaa meille sanottavaksi, eikä lisätä siihen mitään omia ylimääräisiä ajatuksiamme.

7. Älä vetäydy pois

Apostolien tekojen jakeessa 20:27 Paavali sanoo, ettei hän ole vetäytynyt pois julistamasta kaikkea Jumalan tahtoa (v. 1938 käännös). Siinä käytetty sana *hupostello* on merellinen kreikan kielen verbi, joka tarkoittaa "laskea purje". Sen tarkin käännös on "höllentää" tai "vetäytyä pois".

Paavali puhui aina "peläten ja vavisten", mutta hän ei silti vetäytynyt pois julistamasta Jumalan *boule*-neuvoa. Palvellessamme saatamme joskus ajatella: "En koskaan voisi sanoa tuota asiaa ääneen." Meidän ei kuitenkaan pidä vetäytyä pois: jos joku on Jumalan sanaa, se täytyy välittää eteenpäin – voitelun saaneen profeetan hengellisellä arvovallalla ja kodinhoitajan luontaisella nöyryydellä.

8. Tee asia selväksi

Heprealaiskirjeen jae 6:17 osoittaa, että Jumala käytti valaa, koska halusi neuvonsa olevan sekä varma että selkeä. Jeesus taas käytti arkisia vertauksia tehdäkseen opetuksistaan yksinkertaisia ja mieleenpainuvia. Meidänkin täytyy pyytää Jumalaa auttamaan meitä olemaan samalla tavoin luovia tilanteissa, joissa annamme sielunhoidollisia neuvoja.

Vaikka meidät onkin kutsuttu toistamaan Hengen antamat neuvot, meidän täytyy käyttää omaa persoonaamme, omia sanojamme, kielikuviamme, esimerkkejämme ja vertauskuviamme. Palvelemisemme ei kanna hedelmää, jos palvelemamme henkilö ymmärtää Jumalan neuvon eri tavalla kuin me.

Palveleminen sielunhoidossa

Meidän täytyy puhua sielunhoitotilanteissa aina selkeästi ja yksinkertaisesti, jotta voimme olla varmoja siitä, ettei Jumalan viisautta ymmärretä väärin.

9. Seurauksia on erilaisia
Jumalan neuvoilla on useita eri tarkoituksia, kuten havaitaan esimerkiksi kohdista Ap. t. 2:23, Jes. 23:8–9 ja Ps. 32:8–11.

Tämän vuoksi emme voikaan päättää välittää autettavalle henkilölle ainoastaan yhtä osaa Jumalan kaikesta viisaudesta. Sielunhoito ei esimerkiksi ole ihmisten nuhtelemista, kun he ovat tehneet jonkin virheen, vaan se on sitä, että osoitamme heille hellävaraisesti, mikä Jumalan polku elämään on.

10. Sillä tulisi olla selkeitä tuloksia
Kohdat Jes. 14:24,27, 46:10–11 ja Ef. 1:11 tekevät selväksi, että Jumalan sanojen täytyy saada jotakin näkyvää aikaan.

Jumalan tahto ja päämäärä ovat äärettömän voimallisia, ja jossakin vaiheessa kaikki taipuu hänen *bouleensa*. Kun palvelemme Hengessä antamalla sielunhoidollisia neuvoja, "kylvämme" kuitenkin usein ainoastaan "siemeniä" tulevaisuutta varten. Sen tähden onkin väärin tuomita ainoastaan välittömien tulosten perusteella. Meidän ei pidä unohtaa, että Henki kyllä muistuttaa ihmisiä sanoistamme jossakin vaiheessa.

Jumalallinen neuvonantaja
Kuten kaiken Hengessä palvelemisen, myös sielunhoidon antamisen ehto on, että toimimme yhdessä Isän, Pojan ja Pyhän Hengen kanssa ja teemme heidän työtään. Sielunhoidollista neuvontaa ei koskaan tulisi tehdä erillään Jumalasta – niin, että vain rukoillaan pikaisesti johdatusta.

Kuten kaikki muukin palveleminen Hengessä, myös sielunhoito on sellaista, missä Jumala tekee aloitteen ja missä me vain osallistumme hänen toimintaansa. Tämän vuoksi onkin hyvä kääntyä Raamatun puoleen ja tutkia Jumalan omia neuvonantamistilanteita, jotta voimme oppia hänen työstään.

Palveleminen Hengessä

Isä

Kohdat Jes. 28:29 ja Job 12:13 esittelevät Isän, joka on viisas ja ihmeellinen neuvonantaja, ja kohdissa 1. Moos. 26:24; 4. Moos. 22:20; 1. Sam. 3, 15:16; 1. Kun. 19; 2. Aik. 1:7, 7:12; Dan. 7 ja Ap. t. 16:9 ja 18:9 kerrotaan, miten hän antoi neuvoja tietyille miehille ja naisille.

Kohdat 1. Moos. 16:13; 1. Sam. 2:3 ja Jer. 32:18–20 osoittavat, että Jumala näkee ja tietää kaiken – eikä hän koskaan jätä meitä pimeään silloin, kun palvelemme Hengessä.

Jumala näkee, mikä autettavan ihmisen ongelma on, ja tietää, mikä tuon vaikeuden aiheutti. Mikään ei ole häneltä salattua, ja hän tekee meille saman, minkä hän teki Bileamille 4. Mooseksen kirjan jakeessa 24:16. Usein hän paljastaa pienen osasen omista tiedoistaan meille, niin että me voimme tietää, mitä hän jostakin asiasta tietää.

Jos meidät on voideltu Hengellä, on tärkeää, että luotamme niihin ajatuksiin, jotka tulevan mieliimme sielunhoitotilanteissa. Joskus ne saattavat vaikuttaa meistä typeriltä, mutta ne voivat olla Jumalan viisautta. Toimiva sielunhoito, niin kuin kaikki muukin palveleminen Hengessä, on riippuvaista kyvystämme tunnistaa Jumalan sana ja hänen viisautensa.

Psalmin 119 jae 24 osoittaa, että Isä käyttää kirjoituksia neuvojen antamiseen. Hänen kirjoitettu sanansa onkin äärimmäisen tärkeää kaikessa sielunhoidollisessa neuvomisessa.

Poika

Jesajan kirjan jakeessa 9:6 kuvataan profeetallisesti lasta, joka ei vielä tuolloin ollut syntynyt. Tuo lapsi oli Jeesus, ja kaikki kyseisen jakeen nimikkeet kuuluvat hänelle: hän on Ihmeellinen Neuvonantaja (v. 1933 käännös).

Jeesuksen antamasta sielunhoidosta kerrotaan Raamatussa useita eri asioita. Jeesus esimerkiksi:

- ◆ selitti kärsivällisesti kirjoituksia Kleopakselle ja hänen matkakumppanilleen – Luuk. 24:13–27

Palveleminen sielunhoidossa

- nuhteli kohteliaasti närkästynyttä Marttaa – Luuk. 10:38–42

- huokui hienovaraisuutta, myötätuntoa, kohteliaisuutta, anteeksiantoa ja moraalista puhtautta puhuessaan aviorikoksesta syytetylle naiselle – Joh. 8:1–11

- oli lujana ja tiukkana kohtaamisessaan korkeassa asemassa olevan rikkaan nuorukaisen kanssa – Mark. 10:17–22

- paljasti korruptoituneen virkamiehen sisimmän ja toi tälle sitten hyväksynnän kokemuksen, ilon ja pelastuksen – Luuk. 19:1–10

- kuunteli kärsivällisesti sairaan naisen pelonsekaisia jaarituksia, minkä jälkeen myös paransi naisen ja toi rauhan hänen elämäänsä – Luuk. 8:43–48.

Henki

Jesajan kirjan jakeessa 11:2 on tärkeä Pyhän Hengen kuvaus, joka osoittaa, että neuvominen on oleellinen osa Hengen luontoa (v. 1933 käännös). Johanneksen evankeliumin jakeessa 14:16 Jeesus kutsui Henkeä nimellä *allos parakletos*. Kyseiset kreikan kielen sanat osoittavat, että:

- Henki on toinen neuvonantaja, saman kaltainen kuin Jeesus

- Henki on kutsuttu meidän vierellemme neuvomaan meitä ja kutsumaan meitä.

Hän on neuvonantaja, joka on sekä lähellä että läheinen, joka antaa neuvojaan kuiskaamalla ne kevyesti meidän korvaamme. Tämän vuoksi myös meidän – jos haluamme olla osallisia Hengen työstä yhdessä hänen kanssaan – täytyy mennä niiden vierelle, joita olemme auttamassa, ja olla joka hetki Hengen kehotusten varassa.

Pyhä Henki on niin vaatimaton, että hän on merkinnyt muistiin vain harvoja esimerkkejä tilanteista, joissa hän antaa neuvojaan. Apostolien tekojen luvusta 10 löytyy varmasti kaikista selkein tällainen esimerkkitilanne.

Siinä Henki valmisti ensin tien lähettämällä enkelin Corneliuksen luo ilmoittamaan, että tämän tulisi lähettää miehiä noutamaan "Simon, jota kutsutaan myös Pietariksi". (Tämä osoittaa, että meidän palveluksen työmme on yleensä vain pieni osa sitä suurta suunnitelmaa, joka Hengellä on jokaista ihmistä varten.)

Tämän jälkeen Henki valitsi huolellisesti oikean hetken toimia. Hän odotti, kunnes Pietari oli halukas rukoilemaan mutta kuitenkin liian nälkäinen rukoillakseen kunnolla. Hän laittoi Pietarin mieleen kuvan ja määräsi Pietaria teurastamaan ja syömään sellaisia eläimiä, joita juutalaisten ei ollut luvallista edes koskea.

Lopuksi Henki toisti tämän käskyn vielä kaksi kertaa. Tämän hän teki täysin tietoisena siitä, että tällaisella kolminkertaisella toistolla oli selvä merkitys Pietarille – Joh. 18:27 ja 21:15–19.

Kun Corneliuksen miehet saapuivat, Pietari oli niin hämillään, ettei kuullut heidän kovaäänisiä tiedustelujaan. Niinpä Henki kertoi Pietarille heistä ja ohjeisti häntä lähtemään heidän mukaansa. Tällä kertaa Pietari totteli, ja pikkuhiljaa hän ymmärsi sen kuvan syvemmän merkityksen, jonka Henki oli laittanut hänen mieleensä.

Tämä neuvomistoiminta sai aikaan suuren muutoksen seurakunnassa. Henki ei ollut kiistellyt Pietarin kanssa. Hän oli hellävaraisesti tuonut asiaansa esiin ympäröivien olosuhteiden avulla, kunnes Pietari vihdoin ymmärsi Hengen antamien sanojen ja kuvien jumalallisen alkuperän ja vallankumouksellisen merkityksen.

Sielunhoidon lähtökohta
Uudessa testamentissa todetaan seitsemän kertaa, että Vanhan testamentin laki voidaan tiivistää kahteen yksinkertaiseen ohjeeseen: "Rakasta Herraa, Jumalaasi, koko sydämestäsi, koko sielustasi ja mielestäsi ja koko voimallasi" ja "Rakasta lähimmäistäsi niin kuin itseäsi."

Palveleminen sielunhoidossa

Ensimmäisen Johanneksen kirjeen jae 4:8 opettaa, että Jumala on rakkaus, ja saman kirjeen jakeissa 3:9-10 luvataan, että Jumalan lapset toisintavat hänen rakkauttaan. Johanneksen evankeliumin jakeessa 13:34 meitä taas käsketään rakastamaan toisia opetuslapsia samanlaisella tavalla, jolla Jeesuskin on rakastanut meitä.

Tämä rakkaus on lähtökohta kaikelle sielunhoidolle – ja palvelemiselle – Hengessä. Annamme sielunhoitoa, koska rakastamme – koska meidät on täytetty Jumalan rakkaudella ja se on saanut muuttaa meidät. Tästä rakkaudesta kerrotaan Uudessa testamentissa monia eri seikkoja, ja nämä seikat ovat tärkeitä myös sielunhoitotoiminnassa.

Rakkaus tottelee

Johanneksen evankeliumin luvussa 14 punotaan yhteen rakkaus, kuuliaisuus ja neuvoja antava Henki. Rakkaudesta kumpuava kuuliaisuus Kristukselle on ainoa vahva pohja kaikelle sielunhoidolle: meidän tulee tehdä vain sitä, mitä hän käskee, mennä vain sinne, minne hän lähettää, ja puhua vain sitä, mitä hän antaa meille puhuttavaksi.

Edellä havaittiin, että Raamatun palvelemistilanteet käynnistyivät aina joko jonkun ihmisen pyynnöstä tai jumalallisesta ohjeesta. Tämä pätee myös sielunhoitoon. Profeetat välittivät eteenpäin Jumalan viisautta silloin, kun joku yksittäinen ihminen pyysi neuvoja (kuten esimerkiksi kohdissa 1. Kun. 22:5-28 ja 2. Kun. 3:11-20) ja kun Jumala lähetti heidät antamaan neuvoja (kuten esimerkiksi kohdissa 2. Sam. 12:1-15 ja 1. Kun. 20:13-14). Toisinaan, kuten kohdassa 1. Kun. 14:1-18, heidän luokseen sekä tultiin että heidät lähetettiin.

Jeesus toimi tämän saman mallin mukaan. Kohdissa Joh. 3:1-21 ja Mark. 10:17-22 hän antoi sielunhoidollisia neuvoja ihmisille, jotka tulivat hänen luokseen kysymään ohjeita, ja Luukkaan evankeliumin kohdissa 7:36-49 ja 24:13-32 hän meni tiettyjen ihmisten luo välittämään Jumalan neuvoja heille.

Palveleminen Hengessä

Rakkaus antaa

Johanneksen evankeliumin jakeet 3:16 ja 3:35 todistavat, että Jumala on rakastava antaja, ja kohdat Ef. 5:2 ja 1. Joh. 4:10-11 yhdistävät hänen rakkautensa ja hänen halunsa antaa. Jumalan rakkaus merkitsee anteliaita tekoja, ei pelkästään kilttejä sanoja. Tämän vuoksi meidätkin usein kutsutaan antamaan monilla käytännöllisillä tavoilla silloin, kun palvelemme ihmisiä.

Meidät on kutsuttu antamaan itsemme, uhraamaan ja olemaan uhrina muiden palvelemiseksi. Tämä havaitaan kohdissa Matt. 5:42; Joh. 15:13; Room. 5:8; 2. Kor. 8:7-9,24, 12:15 ja 1. Joh. 3:16.

Rakkaus rukoilee

Yksi tärkeimmistä asioista, joita voimme tehdä ihmisille, joita palvelemme, on rukoilla heidän puolestaan. Kohdat Room. 8:34-35 ja Hepr. 7:25 osoittavat, että Ihmeellinen Neuvonantaja rukoilee ystäviensä puolesta, ja Roomalaiskirjeen jakeessa 15:30 Paavali vetoaa lukijoihinsa, että jos he rakastavat häntä, he myös rukoilisivat hänen puolestaan.

Rakkaus puhuu totuutta

Markuksen evankeliumin jakeessa 10:21 kerrotaan, että Jeesus katsahti erääseen mieheen ja rakasti häntä. Tämän rakkauden tähden hän lausui miehelle erittäin kovan totuuden. Mekin voimme puhua Jumalan totuutta totuudellisesti ainoastaan silloin, jos rakastamme kuten Jeesus rakastaa, sillä sielunhoidolliset neuvomme ovat Jumalan näkemys totuudesta ainoastaan silloin, jos ne ovat lähtöisin hänen rakkaudestaan ja jos ne ovat hänen rakkautensa kyllästämiä. Mutta, kuten havaitaan Markuksen evankeliumin jakeissa 10:22-23, vaikka lausumamme sanat olisivatkin Jumalan rakastavia ja totuudellisia sanoja, se ei takaa sitä, että ne otettaisiin hyväksyen vastaan.

Miten ihmeessä uskova sitten kykenee rakastamaan tällaisella rakkaudella? Ensimmäisen Korinttolaiskirjeen luvun

Palveleminen sielunhoidossa

13 vaatimukset tuntuvat usein täysin mahdottomilta täyttää. Palvelemistilanteissa joudumme toistuvasi huomaamaan, että ihmiset, tilanteet ja ongelmat paljastavat meidän oman rakkaudettomuutemme.

Aina kun joudumme kysymään kysymyksen "miten?", on raamatullinen vastaus sama: "Pyhä Henki: hän tulee yllesi." Johanneksen evankeliumin jakeessa 17:26 Jeesus rukoili, että Isän rakkaus – Isän, joka rakasti Poikaa – täyttäisi meidät. Jeesus ei rukoillut, että meidän oma rakkautemme kasvaisi vaan että Isän rakkaus saisi korvata sen.

Toisen Timoteuskirjeen jae 1:7 opettaa, että Jumala antaa lahjaksi rakkauden hengen, ja Roomalaiskirjeen jae 5:5 osoittaa, että Pyhän Hengen kautta Jumalan rakkaus on vuodatettu sydämiimme (v. 1938 käännös). Kun todella palvelemme "Hengessä", saamme huomata, että Isän rakkaus innoittaa meitä ja antaa meille voimaa.

Sielunhoidon perusvälineet

Raamattu on sielunhoitajan tärkein oppikirja. Koska Hengessä tapahtuvan sielunhoidon tarkoitus on auttaa ihmisiä oikaisemaan elämänsä sopusointuun Jumalan Sanan kanssa, on välttämätöntä, että sielunhoitaja tuntee Raamatun kirjoitukset – ja että hän tuntee ne hyvin.

On myös olemassa useita sellaisia kirjoja, joissa Raamatun eri osia jaotellaan ihmisten ongelmien mukaan. Tällaiset kirjat ovat hyödyllisiä, mutta ne jäävät toiseksi verrattuna siihen, että palvelijalla on läheinen ja henkilökohtainen Raamatun tuntemus.

Raamatun kirjoitukset sopivat aivan jokaiseen ongelmaan, tilanteeseen ja tarpeeseen.

- ◆ Jokaiseen tunteeseen ja jokaiseen tilanteeseen sopii jokin Psalmi. Psalmien kirja on ollut kristillisen ylistyksen ja rukouksen päälähde jo vuosisatojen ajan. Joissakin kirkkokunnissa sitä ei kuitenkaan tunneta lähes lainkaan.

Palveleminen Hengessä

- Efesolaiskirjettä voidaan pitää yhteyden evankeliumina. Se paljastaa, mikä on Jumalan eteenpäin vievä tie ulos vaikeista ihmissuhteista, ja se sisältää myös ohjeet siihen, kuinka selvitä hengellisesti taistelujen keskellä.

- Sananlaskujen kirjaa luetaan vain harvoin julkisissa ylistyshetkissä tai yksityisissä raamatunlukuhetkissä, vaikka se sisältää kiteytetyssä muodossa monia sielunhoidollisia neuvoja.

- Vuorisaarnassa (Matt. 5–7) kerrotaan, miten Jeesus odottaa seuraajiensa elävän. Se on täynnä Jumalan käytännönläheisiä ohjeita.

- Roomalaiskirjeen luku 8 on monille ihmisille Raamatun huippukohta. Siitä saadaan vahvistusta, suuntaa, lohdutusta, rohkaisua ja toivoa.

Meidän tulisi lukea Raamattua säännöllisesti, usein, huolellisesti ja jättämättä mitään väliin. Meidän täytyy kyllästää itsemme evankeliumeilla, niin että opimme tuntemaan paremmin Jeesusta, emmekä saa sivuuttaa niitäkään kirjoja, jotka usein unohdetaan, kuten Kolmatta Mooseksen kirjaa ja Obadjan kirjaa, Valitusvirsiä ja Sefanjan kirjaa, Toista aikakirjaa ja Nahumin kirjaa.

Kuka tietää? Ehkäpä jonakin päivänä Henki kehottaa meitä käyttämään jaetta jostakin näistä helposti sivuutettavista kirjoista sielunhoidolliseksi neuvoksi jollekin ihmiselle. Ja ajattele, kuinka noloa olisi tavata Habakuk taivaassa ja myöntää hänelle, ettemme osaa kirjoittaa hänen nimeään oikein ja ettemme ole koskaan lukeneet hänen kirjaansa!

Palvelemistilanteissa meidän on hyvä myös pitää huoli siitä, ettemme käytä aina pelkästään samoja lempiraamatunkohtiamme. Jeesuskin käytti Johanneksen evankeliumin jaetta 3:16 ainoastaan neuvoessaan Nikodemosta – hän ei neuvonut kyseisellä jakeella jokaista auttamaansa ihmistä.

Palveleminen sielunhoidossa

Hengen lahjat ja ominaisuudet

Kuten kaikki muukin palveleminen, myös Hengessä tapahtuva sielunhoito pyörii Hengen lahjojen ja ominaisuuksien ympärillä. Näitä tarkasteltiin aiemmin tässä kirjassa, ja niihin tutustutaan myös tarkemmin kirjassa *Hengen tunteminen*.

Nämä lahjat (1. Kor. 12:1–11) ja ominaisuudet (Jes. 11:1–5) eivät ole kyky tehdä jotakin, vaan ne ovat Herran Jeesuksen työtä, jota hän tekee meidän kauttamme. Ne ovat Hengen aktiivisuutta ja persoonaa, eivät uskovan toimintaa ja tekemistä.

Kreikan kielen verbi *didomi*, "antaa", esiintyy 1. Korinttolaiskirjeen jakeessa 12:7 sellaisessa muodossa, joka antaa ymmärtää, että:

- ♦ lahjojen antaminen uskoville (jota Jumala tekee) on jatkuvaa toimintaa, ei yksittäinen kertaluonteinen teko

- ♦ lahjat vastaanotetaan aina joltakin ulkopuoliselta taholta, nimittäin Pyhältä Hengeltä.

Lahjojen ilmenemisessä ei siis ole kyse siitä, että uskovat ammentaisivat omista henkilökohtaisista voimavaroistaan, vaan siitä, että he välittävät eteenpäin jotakin sellaista, minkä ovat Hengeltä juuri saaneet. Kun elämme Hengessä ja Hengen kanssa, hän antaa meille kaiken tarvitsemamme jokaiseen palvelemistilanteeseen, joka eteemme tulee.

Jesajan kirjan jakeet 11:3–4 osoittavat, että jakeessa 11:2 luetellut Hengen ominaisuudet sopivat aivan erityisesti juuri sielunhoitotilanteisiin. Kyseiset ominaisuudet eivät ole lahjoja, joita annettaisiin meille säännöllisesti, vaan ne ovat Hengen syvintä olemusta, joka kumpuaa luonnostaan myös niistä, joissa hän elää.

Kun siis elämme Hengessä ja Hengen kanssa, hänen ominaisuutensa ovat jatkuvasti saatavillamme. Aina kun annamme sielunhoidollisia neuvoja Hengessä, Hengen oma viisaus ja ymmärrys, hänen henkilökohtainen neuvomis- ja näkökykynsä voivat virrata meidän kauttamme niille ihmisille, joita palvelemme.

Palveleminen Hengessä

Sielunhoidon tavoite

Toisinaan toimiva sielunhoito on sitä, että vain kuunnellaan, kun joku ihminen vuodattaa ongelmansa. Joissakin tilanteissa taas meidän täytyy jutella autettavan henkilön kanssa vain lyhyen aikaa – ja sen jälkeen Jumala ei vaadi enää muuta. Useimmiten Jumala kuitenkin kutsuu meitä antamaan sielunhoitoa jollekin ihmiselle jonkun pidemmän ajanjakson ajan. Tällaisissa tapauksissa on olemassa vaara, että sielunhoitotilanteet muuttuvat turhaksi jaaritteluksi, jos ei ymmärretä ja muisteta pitää mielessä sitä tarkoitusta, joka Jumalalla on autettavaa ihmistä varten.

Kristillisen sielunhoidon päämärän tulisi aina olla se, että saadaan aikaan kauaskantoista Jumalan tahtoon mukautumista. Kun valmistaudumme jonkun ihmisen kohtaamiseen, saatamme herkästi miettiä: "Kuinkahan onnistun ratkaisemaan hänen ongelmansa?" Tällainen ajattelutapa johtaa kuitenkin helposti ongelmia vähätteleviin vastauksiin. Usein olisi parempi kysyä: "Miten Jumala haluaa käyttää tätä tilannetta tuon henkilön valmistelemiseksi tehokkaampaan palveluksen työhön?"

Raamatun ehkäpä paras esimerkki pitkäkestoisesta sielunhoidosta on se, kuinka Jeesus valmisteli Pietaria palveluksen työhön.

Jeesus Pietarin sielunhoitajana

Tästä voitelussa annetusta sielunhoidosta kerrotaan kohdissa Joh. 1:40–42; Mark. 1:16–20; Luuk. 5:1–11; Mark. 3:13–19; Matt. 14:22–33, 16:13–23; Mark. 9:2–13; Matt. 18:21–22, 19:27–30; Joh. 13:2–10; Matt. 26:30–35; Joh. 18:10–11; Mark. 16:7; Luuk. 24:34; 1. Kor. 15:1–5 ja Joh. 21:1–23.

Niiden kolmen vuoden aikana, joina Jeesus kärsivällisesti toimi Pietarin sielunhoitajana, Pietari muuttui äkkipikaisesta ja epäluotettavasta Simonista luotettavaksi Pietariksi, jonka aloitteesta valittiin korvaaja Juudaksen tilalle, joka oli johtavassa asemassa helluntaina ja joka oli seurakunnan väliaikainen johtaja ennen Jaakobin ja Paavalin esiintuloa.

Palveleminen sielunhoidossa

Vaikuttaa siltä, että Jeesuksella oli selkeä tavoite mielessään, kun hän ystävystyi Pietarin kanssa, koulutti häntä ja toimi hänen sielunhoitajanaan. Simonista oli määrä tulla Pietari. Tarkoitus oli, että kallionkaltainen päättäväisyys ja luotettavuus olisivat piirteitä, jotka häntä jatkossa kuvaisivat. Hänestä oli määrä tulla, ja niin hänestä tulikin, ihmisten kalastaja.

Jeesus ei pitänyt tätä Hengen antamaa tietoa itsellään, vaan hän kertoi Pietarille alusta asti, mitä Jumala halusi heidän kumppanuutensa kautta saavuttaa. Jeesus piti huolen siitä, että Pietari tiesi, mikä päämäärä hänen saamillaan sielunhoidollisilla neuvoilla oli.

On tärkeää huomioida, ettei Jeesus pyrkinyt muuttamaan Pietaria millään kertaluonteisella palvelemistoiminnalla. Jeesus ei laskenut käsiä Pietarin päälle. Hän ei yrittänyt ajaa ulos epäluotettavuuden ja äkkipikaisuuden henkeä. Hän ei edes siunannut Pietaria julistamalla profeetallisesti: "Ole täytetty kallionkaltaisella vahvuudella." Sen sijaan Jeesus hioi Pietaria hitaasti – sillä, että toimi hänen kärsivällisenä ja voideltuna sielunhoitajanaan.

Kun Pietari lähti seuraamaan Jeesusta, hän toi mukanaan taustansa, paheensa, virheensä, ennakkoluulonsa, väärät käsityksensä, perheongelmansa ja vääränlaisen itsevarmuutensa. Palveluksen työmme ensimmäisen tavoitteen tulisikin olla opettaa ihmisiä kuolemaan – kuolemaan maailmalle, lihalle ja paholaiselle.

Jeesus ei itse ilmoittanut olevansa Messias vaan kehotti Pietaria vetämään omat johtopäätöksensä. Kun Pietari osui oikeaan, Jeesus näpäytti hänen ylpeyttään sanomalla, ettei hän ollut keksinyt vastausta itse. Lähes heti tämän jälkeen Jeesus myös nuhteli Pietaria siitä, että tämä oli esittänyt Jeesukselle vastalauseen.

Pietari ei ollut jonkun pahan hengen "vallassa", vaan hän oli ainoastaan kuunnellut saatanan kuiskauksia. Ennen kuin sielunhoidon tavoite voitiin saavuttaa ja Pietarista saattoi tulla tehokas ihmisten kalastaja, hänen täytyi oppia tunnistamaan Isän ääni vihollisen äänestä. Jeesus antoi

Palveleminen Hengessä

hänelle sielunhoidollisia neuvoja juuri siksi, että hän kykenisi oppimaan ja tunnistamaan tuon eron.

Esirukous on välttämätöntä sielunhoidon tavoitteen saavuttamiseksi. Luukkaan evankeliumin jae 22:32 paljastaa, että Jeesus oli jo rukoillut ja kuunnellut ja saanut profeetallisen sanoman ilmoitettavaksi – Pietari lankeaisi, palaisi ja vahvistaisi muita.

Jeesus ei syyttänyt Pietaria itseriittoiseksi typerykseksi, jonka olisi pitänyt tietää paremmin, vaan sen sijaan hän antoi Pietarille mahdollisuuden hyväksyä itsensä juuri sellaisena, jollainen hän todella oli.

Meidän ei tule sielunhoitotilanteissa syytellä ihmisiä heidän virheistään muttei myöskään eristää heitä minkään suojamuurin sisään. Sen sijaan meidän tulee ohjata heidät Jeesuksen luo ja auttaa heitä itse kuulemaan hänen äänensä ja etsimään hänen kasvojaan.

Sen jälkeen, kun Pietari oli kieltänyt Jeesuksen, hän oli murheen murtama. Tämän vuoksi Jeesus ei heti mennyt muiden opetuslasten luo vaan tapasi ensin hänet kahden kesken. Tuossa hetkessä vaihdettiin varmasti suunnattoman arvokkaita anteeksiannon ja hyväksynnän sanoja! Sielunhoitajina meidänkin täytyy aina olla valmiita ottamaan askel autettavan ihmisen puoleen ja tarjoamaan tälle anteeksiantoa – etenkin jos tämä kokee pettäneensä meidät tai tuottaneensa meille pettymyksen.

Tästä huolimatta Pietari palasi vanhojen tapojensa ja tottumustensa pariin. Niinpä Jumala järjesti epäonnisen kalaretken, jonka päätteeksi hän teki saman ihmeen, jonka oli tehnyt sinä päivänä, jona Jeesus ensimmäisen kerran kutsui Pietarin seuraamaan itseään. Taas kerran Pietarille opetettiin ja neuvottiin, että menestyminen oli ainoastaan mahdollista silloin, kun Jeesus sai täysin hallita asioita.

Viimeinen sielunhoitotilanne tapahtui aamiaisella. Jeesus kysyi Pietarilta samaa asiaa kolmeen kertaan, jotta asiasta ei varmasti jäisi mitään epäselvyyttä. Näin hän myös palautti mieleen sen, kuinka Pietari oli kolmeen kertaan kieltänyt

Palveleminen sielunhoidossa

Jeesuksen, ja kuoletti siten jokaisen näistä kieltämisistä. Jeesus oli lähtemässä pois maailmasta, ja hänen täytyi jättää lampaansa osaaviin käsiin. Hän oli jo kutsunut Pietarin olemaan ihmisten kalastaja, ja nyt hän antoi Pietarille vielä toisenkin tehtävän: Pietarin oli kalastamisen lisäksi saatava ihmiset haaviin millä tahansa keinoin. Päämäärän saavuttaminen oli jo näkyvissä, joten oli aika kirkastaa kutsumus.

Sielunhoidon päämäärä ei ole ainoastaan ratkaista jokin ongelma, vaan tehdä autettavasta ihmisestä täysi-ikäinen Kristuksen tuntemisessa. Tämä saattaa vaatia huomattavaa sitoutumista tuosta henkilöstä huolehtimiseen. Jeesuskin keskusteli Pietarin kanssa usein sinä aikana, jonka he viettivät yhdessä, ja tämä on esimerkki sellaisesta pitkäaikaisesta sitoutumisesta, joka joskus kuuluu sielunhoitoon.

Jopa kaiken yhdessä Jeesuksen kanssa viettämänsä ajan loppupuolella Pietari yhä edelleen tarvitsi ojentamista. Kun Pietari kyseli Johanneksesta, Jeesuksen täytyi sanoa hänelle, ettei asia kuulunut hänelle millään lailla. Pietari oli hidas oppimaan. Hän ei voinut muuta kuin pyrkiä aina vain eteenpäin, ja saatuaan sielunhoidollisia neuvoja Kristukselta hän suuntasikin eteenpäin aina loppuun asti.

Pietarista tuli apostolien puhemies helluntaina, ja hänet vangittiin sen jälkeen, kun hän oli parantanut ramman miehen. Myöhemmin hän paransi lisää sairaita, ja hänet vangittiin uudestaan. Hän puhui rohkeasti virkamiesten edessä, opetti samarialaiset tuntemaan Pyhän Hengen ja sai Simon-nimisen noidan hämmästyksiin.

Pietari paransi Aineaksen, herätti Tabitan kuolleista ja julisti pelastusta pakanoille. Hänet vangittiin kolmannen kerran. Hän vastusti Paavalia ja suositteli sitten hänen kirjeitään. Hän kirjoitti itsekin kaksi kirjettä ja lopuksi hän perintötiedon mukaan kuoli marttyyrin kuoleman – hänet ristiinnaulittiin pää alaspäin, koska hän ei ajatellut olevansa sen arvoinen, että voisi kuolla samassa asennossa kuin Jeesus.

Jeesus oli kolmen vuoden ajan kärsivällisesti toiminut Pietarin sielunhoitajana, ja koko tuon ajan hän lakkaamatta

Palveleminen Hengessä

piti silmiensä edessä näyn siitä hyödyllisestä palveluksen työstä, jota Pietari olisi tekevä. Mikä tahansa ongelma ja mitä tahansa vikoja ja puutteita jollakin ihmisellä onkaan, meidän täytyy tuon ihmisen sielunhoitajina kysyä Jumalalta, mikä hänen päämääränsä tuota ihmistä varten on.

Kun palvelemme, meidän tulee pyytää Jumalaa näyttämään, millä tavalla autettava henkilö on palveleva muita, niin että voimme rukoilla tuon näyn toteutumista ja toimia sen saavuttamiseksi. Ympärillämme olevat Pietarit voivat vain kärsivällisen ja voitelussa annetun sielunhoidon myötä tulla pelastetuiksi hylkäyksen, epäonnistumisen ja itsesyytösten taakalta ja tulla hellävaraisesti eheytetyiksi, niin että heidät voidaan valmistaa tehokkaaseen ja hyödylliseen palveluksen työhön Jumalan valtakunnassa.

Sielunhoitajaksi ryhtyminen

Sielunhoito on ollut monille uskoville "tie sisään" Hengessä palvelemiseen. Monet arkailevat alkuun palvelemisen yliluonnollisia puolia, kuten parantamista tai riivaajien ulosajamista, mutta sielunhoito ei useinkaan tunnu läheskään yhtä pelottavalta. Oppimalla kuuntelemaan Henkeä ennen sielunhoitotilanteita ja oppimalla turvaamaan hänen lahjoihinsa ja sanoihinsa itse tilanteissa, moni kuitenkin saa varmuutta ja kokemusta Hengessä toimimisesta, niin että alkaa palvella myös juuri esimerkiksi parantamisen ja vapauttamisen alueilla.

Paras tapa aloittaa on ryhtyä rukoilemaan omien ystävien, naapurien, sukulaisten ja oman paikallisseurakunnan muiden jäsenten puolesta. Edellä havaittiin, että tämä auttaa siinä, että meille voisi kehittyä tavaksi kysellä Jumalalta kysymyksiä. Voimme esimerkiksi kysyä häneltä: "Onko ketään, kenen luona haluaisit minun käyvän tai kenelle haluaisit minun antavan joitakin neuvoja?" Tai: "Onko jotain, mitä minun tulisi mainita Pekalle huomenna, kun menemme lounaalle yhdessä?"

Jumala suhtautuu tällaisiin rukouksiin hyvin vakavasti – erityisesti silloin, jos meidät on täytetty Hengellä ja olemme

Palveleminen sielunhoidossa

tarjoutuneet sellaiseen nöyrään palveluksen työhön, joka muistuttaa ensimmäisen vuosisadan kodinhoitajien tekemää työtä.

Seuraavat ehdotukset on tarkoitettu sellaisille uskoville, joilla ei vielä ole kokemusta sielunhoitotyöstä mutta jotka haluavat ryhtyä sielunhoitajiksi. Ne ovat *gnome*-neuvoja pikemmin kuin *boule*-neuvoja!

Luottamus

Autettaville ihmisille pitää antaa lupaus siitä, että kaikki, mitä he sanovat, pysyy luottamuksellisena. Jumalan palvelijat eivät tavallisesti saa kertoa eteenpäin mitään kuulemaansa, paitsi jos ovat saaneet luvan tehdä niin. Jos sielunhoitajalla on yleensä tapana jakaa kaikki asiat puolisonsa kanssa, hänen tulisi kertoa tämä palveltavalle ihmiselle heti alussa.

Merkinnät

Merkintöjä ei tarvitse tehdä tilanteissa, joissa vain rennosti neuvotaan ystävää. Ne ovat tarpeellisia ainoastaan silloin, kun palvellaan useita eri ihmisiä ja kun ei meinata muistaa, mitä kellekin on sanottu.

Meidän tulisi aina kysyä lupa ennen kuin alamme tehdä merkintöjä ja selittää, miksi niitä teemme. Yleensä on hyödyllisempää kirjata ylös antamamme neuvot ja Jumalalta saamamme mielikuvat kuin ainoastaan se, mitä autettava henkilö on sanonut.

Tapaamisen pituus

Useammat lyhyet tapaamiset ovat yleensä hyödyllisempiä kuin yksi pitkä tapaaminen. Näin autettavalle henkilölle jää aikaa miettiä saamiansa neuvoja ja Pyhälle Hengelle aikaa korostaa saatujen neuvojen tärkeyttä joillakin muillakin keinoin.

Riippuvaisuus

On ehdottoman tärkeää säilyttää terve tasapaino sen välillä, ettei autettavaa ihmistä rohkaista kääntymään muiden

Palveleminen Hengessä

sielunhoitajien puoleen toisenlaisten neuvojen saamiseksi mutta että hänestä ei silti tehdä liian riippuvaista siitä henkilöstä, joka häntä ensin palveli.

Joistakin sielunhoitajista tulee hyvin läheisiä niiden ihmisten kanssa, joita he pyrkivät palvelemaan. Tätä tulisi välttää, sillä ihmisiltä tuleva paine sotii usein Hengen työtä vastaan. Emme voi elää muiden ihmisten elämää, ratkaista heidän ongelmiaan tai tehdä päätöksiä heidän puolestaan.

Se, mitä voimme kuitenkin tehdä, on auttaa heitä ottamaan vastuuta omista teoistaan ja opettaa heitä itse kuuntelemaan Jumalaa, niin että he voivat lakata turvaamasta meihin ja että heistä voisi tulla ihmisiä, jotka palvelevat vuorostaan muita ihmisiä.

Rukous

Parantamis-, vapauttamis- ja siunaamistoiminnassa rukous on elintärkeää ennen palvelemistilanteita mutta vähemmän tärkeää itse tilanteissa. Sielunhoitosuhteissa rukouksen täytyy kuitenkin kuulua kaikkiin vaiheisiin, ja sitä tulisikin tarjota ennen palvelemistilannetta, sen aikana ja sen jälkeen.

Aina kun sielunhoitaja on epävarma jostakin, hänen tulisi pysähtyä rukoilemaan. Myös autettavia ihmisiä tulisi aina rohkaista rukoilemaan ongelmiensa puolesta. Jos autettavasta ihmisestä tuntuu vaikealta tai epämukavalta rukoilla ääneen tai spontaanisti, hänelle voidaan antaa kirjoitettuja rukouksia luettaviksi.

Joissakin tilanteissa kielillä rukoileminen on kaikista hyödyllisintä. Tällöinkin meidän tulee selittää autettavalle henkilölle, miksi teemme niin, ennen kuin alamme rukoilla kielillä hänen kanssaan.

Kumppanuus

Edellä on havaittu, että kumppanuus on yleinen periaate raamatullisessa palvelemisessa. Sielunhoitotilanteissa täytyy kuitenkin usein toimia yksin. Tällaisissa tilanteissa onkin sen vuoksi varsin ajattelematonta, jos sielunhoitaja palvelee

Palveleminen sielunhoidossa

henkilöitä, jotka ovat vastakkaista sukupuolta kuin hän itse.

Vielä tätäkin hyödyttömämpää on antaa sielunhoitoa ilman oman paikallisseurakunnan hyväksyntää ja rukoustukea. Seurakuntien johtajilla on yleinen pastoraalinen vastuu kaikista seurakuntansa jäsenistä, minkä vuoksi heidän tulee tietää, kuka auttaa ketäkin, vaikkei heidän olekaan tarpeellista tietää kaikkia yksityiskohtia.

Palveleminen Hengessä

Tässä kirjassa on opittu, että palveleminen Hengessä on niin tärkeää, että kaikkien seurakunnan johtajien tulisi tehdä kaikkensa sen eteen, että pyhät olisivat valmiita palveluksen työhön. Kaikkivoipa Jumala haluaa suuren joukon uskovia, jotka ovat valmiita olemaan hänen profeetallisia palvelijoitaan – olemaan hänen nöyriä palvelijoitaan, jotka tekevät mitä tahansa hänelle, missä tahansa ja milloin tahansa.

Seurakunnat ovat täynnä ihmisiä, joilla on ongelmia, ihmisiä, jotka rukoilevat ja odottavat – eivät musertavaa diktatuuria vaan nöyrää palvelemista. He tarvitsevat jonkun, joka kuuntelee ja silti rakastaa heitä. Jonkun, jonka kanssa jakaa ongelmansa – ei sellaista, joka paheksuu heidän vääriä tekojaan. Jonkun, joka tarjoaa Jumalan sanaa – ei sellaista, joka tyrkyttää omia mielipiteitään. Jonkun, joka tulee vierelle ja antaa jakamatonta huomiotaan. Jonkun, joka rukoilee kiihkeästi, antaa anteliaasti ja rakastaa uhraten. He tarvitsevat sitä, että saavat kuulla Jumalan neuvoja. Ja Jumala haluaa meidän olevan valmiita välittämään hänen neuvojaan heille.

Ympäröivä maailmamme on täynnä kärsiviä ihmisiä, joiden täytyy saada kokea Jumalan parantava voima, jotka täytyy vapauttaa paholaisen otteesta ja jotka tarvitsevat sitä, että heidän kurja ja kirottu tilanteensa korvattaisiin Jumalan siunauksella. He tarvitsevat jonkun, joka on sovitettu ja täytetty Jumalan Hengellä. Jonkun, joka on valmis uhraamaan kulkeakseen vielä "toisenkin virstan matkan". Jonkun, joka on valmis vaikka näyttämään naurettavalta muiden silmissä – jonkun, joka puhuu Jumalan sanoja ja tekee Jumalan tekoja.

Palveleminen Hengessä

He tarvitsevat jonkun, joka palvelee ainoastaan Hengessä – ja Jumala haluaa meidän olevan juuri tällaisia palvelijoita ja kasvattavan myös yhä uusia palvelijoita, niin että hänen rakastava valtakuntansa voisi levitä kaikkiin kansoihin aina maailman ääriin asti.

www.ingramcontent.com/pod-product-compliance
Lightning Source LLC
Chambersburg PA
CBHW031109080526
44587CB00011B/895